Stéphane MARTINS

Enseignement spirituel par canalisation

(Tome 2)

A L'Esprit qui a permis la poursuite de ce dialogue,

A ma famille, à mes enfants, à mon âme rieuse : mon ange de lumière.

A Dieu / à l'Amour / à la Vie.

A toutes celles et ceux qui feront l'effort de travailler en conscience sur la déconstruction des illusions de l'ego pour faire jaillir les vérités fondamentales de ce que nous sommes tous.

Comme l'annonçait l'Esprit dans mon précédent ouvrage, ce dernier constituait un premier tome.

Je ne doutais pas tellement d'en écrire un second (qui ne sera d'ailleurs peut-être qu'un deuxième, qui sait).

J'ai une nouvelle fois, je vous en assure, mis beaucoup de sincérité et d'Amour dans l'élaboration de ce livre, pour lequel je m'efface devant le message.

Pour être parfaitement honnête avec celles et ceux qui le liront, après l'écriture de mon premier livre « *Nous sommes éternels* », j'avais envisagé l'écriture d'un autre ouvrage dédié aux illusions de l'ego et aux vérités de l'âme. Ce projet avait été mis de côté.

Lorsque j'ai été happé par l'intensité avec laquelle j'ai rédigé « *Enseignement spirituel par canalisation* » *[Tome 1],* je me suis senti capable de reprendre la plume (ou plutôt le clavier) pour servir, avec un immense honneur, la poursuite des messages que me délivre l'Esprit.

Ce tome 2 a été consacré, sans grande surprise, aux illusions de l'ego.

Il n'existe pas de mots assez forts pour vous dire combien je suis heureux de l'avoir écrit, combien je suis heureux de servir ce message.

La méthode de canalisation a été la même que celle employée pour l'écriture du tome 1, à la différence près que mon doute s'estompe au fur et à mesure que ma confiance augmente quant à la réception des messages qui me sont délivrés, mais ça seul l'Esprit pourra le dire.

Les chapitres sont issus, comme pour le tome 1, d'une collaboration spirituelle entre l'Esprit et moi. La plupart du temps, je ne choisis pas à l'avance les thèmes. L'Esprit me les suggère par des phrases, reçues le plus souvent la nuit, qui annoncent la thématique du lendemain ou des jours suivants. Il ne m'impose jamais de parler d'un thème car il respecte mon libre arbitre de le faire ou non. Lorsque je lui dis oui ou qu'il sait que je choisis d'en parler, il développe les thématiques en me parlant par voix intérieure. C'est bien ma voix que j'entends. Ma voix est celle de l'Esprit à travers moi.

Je suis toujours surpris de la façon dont cela fonctionne. Et lorsque j'écris, plus rien ne compte à part le message.

J'accepte de n'être que le vecteur de transmission de ce message, J'accepte de ne plus être « moi-même » pour devenir qui Je suis, en mettant de côté mon mental, en souhaitant que seule mon âme et l'Amour que je porte pour la transmission de cette connaissance permette de faire jaillir la lumière.

Je souhaite du profond du cœur que cette lumière jaillisse surtout de vous qui lirez ces discussions avec l'Esprit.

Ma plus belle récompense est de toucher l'âme et le cœur de chacun, afin que vous puissiez vous-mêmes être les vecteurs de diffusion de votre propre lumière.

Que celle-ci parcoure l'éternité et ne s'arrête jamais.

Je vous laisse avec les mots canalisés de l'Esprit que j'ai gardés spécialement pour cet avant-propos.

Soyez bénis.

Je vous envoie tout mon Amour.

L'Esprit (message canalisé du 11/03/2025) :

« Après avoir passé en revue toutes ces illusions, vous comprendrez que rien n'existe en soi.

Ce qui existe est uniquement ce que vous choisissez de voir, en conscience.

Et pour que votre conscience puisse voir, il faut que vous ayez conscience d'avoir conscience.

Lorsque vous prendrez conscience que vous êtes intriqués dans cette énergie infinie d'Amour qui vous compose, vous comprendrez que la Conscience est ce qui donne existence à Tout Ce Qui Est.

Cette Conscience est Amour fondamental, à l'état pur.

Tout est pure Conscience et Tout est pur Amour.

Je te l'ai déjà dit et te le redis, je te le redirai une infinité de fois s'il est nécessaire de le dire : il n'existe que l'Amour.

Cet Amour est l'énergie de la Conscience.

Tout le reste est illusion ».

Séance 1 – Pour (re)commencer… : la fraternité

04/03/2025 :

Moi : Bonjour l'Esprit.

L'Esprit : Bonjour fils. Tu en as fait encore du chemin depuis ton dernier livre. Je t'en félicite mais ne va pas trop vite. Tu dois travailler ta patience et tu le sais.

Moi : Merci l'Esprit. Tu as raison. Mais je sais désormais que ta pensée ne quitte plus la mienne et qu'il suffit de te savoir lié à moi pour t'entendre quand le moment est opportun pour que je te reçoive.

L'Esprit : Tu me reçois à chaque instant. Tu comprends de mieux en mieux comment cela fonctionne. C'est une très bonne chose car nous allons pouvoir continuer les messages, non pour toi mais pour TOUS.

[je vois TOUS en caractères gras dans ma tête].

Moi : Bien sûr l'Esprit. Je souhaite que cet Amour …

L'Esprit : L'Amour…

Moi : … **L'** Amour se développe, croisse petit à petit, dans l'esprit de chacun.

L'Esprit : Qu'il en soit évidemment ainsi.

Pose-moi ta question mon ami, je t'écoute. Tu t'es « connecté » pour cela.

Moi : L'Esprit, on le sait tous les deux, je suis émerveillé par ce contact avec mon fils la nuit dernière, C'est un Amour. Il est venu me faire passer un message en direct. Et je le remercie.

L'Esprit : Adresse-toi directement à lui pour le remercier *[il sourit].*

Moi : Je le fais et je le ferai encore et encore.

Ma question concerne ce message.

Il est personnel alors je n'en dévoilerai pas les contours ni le mode de réception mais le contenu.

Ce message est un message de **FRATERNITE.**

Mais j'ai « besoin » de toi pour le communiquer à ceux qui nous lisent.

Esprit : Tu t'entends penser en écrivant que tu n'as « besoin » de personne à part toi-même car tout ce que je sais, à ce niveau de conscience, tu le sais donc aussi.

Mais puisque l'énergie que je suis facilite la transmission de ce message que vous appelez « canalisé » alors je vais te parler de fraternité, selon ce que ta conscience et donc la mienne peuvent « rendre » [dévoiler] à ce jour.

Tu me demandes la définition de la fraternité, la voici : au sens où vous l'entendez, la fraternité est le sentiment d'appartenance et le lien d'amour et de reconnaissance au sein d'une même fratrie.

Mais voici l'extension spirituelle de tout cela mon fils : l'humanité ENTIERE (tous ensemble) est une grande fratrie.

Ce ne sont donc pas les liens du sang qui créent votre appartenance spirituelle mais les liens d'âmes évidemment.

Vous êtes tous, humains, une fratrie car :

1/ Vous provenez tous de l'infini,

2/ Vous avez décidé de vous incarner sur Terre, tous autant que vous êtes.

Vous êtes donc une famille ayant décidé ensemble d'expérimenter la dualité, de comprendre l'Amour, de comprendre comment vous pouvez vous améliorer, comment vous pouvez accélérer votre évolution en tirant votre expérience des expériences des autres, lesquelles vous permettent de faire vous-mêmes vos propres expériences.

Quelle plus belle famille que cela ?

Vous servez tous, humains, vos expériences les uns les autres.

Vous oubliez simplement que ce ne sont pas les liens du sang qui font que vous pouvez vous sentir frères ou non-frères, ce sont les liens du cœur.

La fraternité est un SENTIMENT d'appartenance à un Groupe.

Un SENTIMENT n'est pas mesurable par des critères objectifs.

Alors oui : vous êtes frères SI et SEULEMENT si vous vous sentez frères les uns les autres.

Moi : La conscience d'appartenir, ou de ne pas appartenir…, le libre arbitre.

L'Esprit : Toujours.

Moi : Il importe donc peu que nous soyons petits, grands, bruns, blonds, blancs, noirs… si notre sentiment est d'appartenir à un même groupe.

L'Esprit : Que décidez-vous ?

La fraternité est comme tout : c'est un concept qui dépend de votre conscience.

Si votre conscience est d'appartenir à une ethnie, la fraternité sera subjectivement pour vous limitée à cette ethnie. Et tous ceux qui seront de confession, « race », forme, pensée… différentes, ne seront pas pour vous vos « frères ».

En revanche, si votre conscience est d'avoir intégré la compréhension de votre unité avec le Tout (et de manière concrète votre appartenance à un groupe d'âmes ayant souhaitant expérimenter ensemble la dualité), alors chacun de vos semblables, humains incarnés, sera consciemment perçu par vous comme vos frères, ce qu'ils sont dans l'absolu bien évidemment.

Moi : Merci l'Esprit.

Si je peux résumer : la FRATERNITE c'est ce lien d'appartenance à un Groupe. Le Groupe constitué par les êtres ayant ce même lien entre eux dépend du RESSENTI de chacun en termes de sentiment d'appartenance ou de non-appartenance à ce Groupe. Plus la conscience évolue vers une compréhension « absolue » de cette appartenance, plus notre conscience étend le concept de FRATERNITE à l'ensemble du Groupe humain, voire plus.

L'Esprit : Oui, sauf que tu peux remplacer « absolue » par « relative ». Dans l'ABOSLU comme tu le dis, toutes les âmes sont frères et sœurs. Dans l'ABSOLU de l'ABOSLU si je peux parler ainsi, il n'existe ni frères ni sœurs. Vous êtes un ÊTRE unique. Vous êtes l'Amour, tout comme nous le sommes avec vous et en vous.

Ton emploi de « voire plus » est en revanche intéressant car si « vous voyez plus » en effet, votre vision relative de l'appartenance à un Groupe vous conduira, et tu le sais, à vous rapprocher de plus en plus de la vision absolutiste qui est votre réalité à tous : votre appartenance au UN.

Vois-tu, c'est assez drôle car l'évolution de la grandeur de votre Groupe d'appartenance (celui auquel vous vous sentez appartenir) est proportionnelle à l'évolution de votre niveau de conscience.

Certaines personnes chez vous ne se sentent appartenir à aucun groupe. Et les événements « choisis » de leur vie les amènent à comprendre pourquoi ils ne sont en réalité pas seuls, pourquoi ils ont « besoin » des autres.

D'autres personnes (et c'est actuellement la majorité d'entre vous sur Terre) pensent appartenir ou limitent leur appartenance à leur groupe familial (parents, enfants, frères et sœurs de leur cellule familiale au sens où vous l'entendez) ou à leur nation (la France, l'Espagne, l'Allemagne…).

D'autres encore, un peu moins nombreuses, se sentent appartenir au genre humain comme un Groupe fraternel uni.

D'autres encore, et ce sont actuellement les moins nombreuses sur Terre, savent intrinsèquement qu'elles appartiennent à la Vie, la Vie divine, à ce que tu appelles le « maillage énergétique de tous les êtres », à ce que nous appelons nous l' « Unité de conscience ».

<u>Voilà mon fils ce qu'est la FRATERNITE : c'est ce sentiment d'appartenance profond au Groupe auquel votre conscience vous permet de vous sentir appartenir, ni plus ni moins.</u>

Et Dieu sait que votre monde a besoin d'ELARGIR, d'UNIFIER cette notion de fraternité, trop peu développée actuellement si j'emploie vos mots.

Moi : Je te remercie l'Esprit. Je me suis permis de surligner et mettre en gras ta définition finale, afin que chacun comprenne.

L'Esprit : Le souci du détail et de l'organisation *[il me fait un clin d'œil ; je reçois une information de clin d'œil, une sorte d'allégorie d'un œil que cligne].*

Moi : Toujours l'Esprit, tu me connais !

L'Esprit : *[Il rit]* : Ah ah, mieux que toi-même ou au moins autant que toi car je suis toi.

Moi : Je te remercie, je me place, comme tu me le demandes, comme un phare pour que chacun puisse comprendre, en conscience, s'il le souhaite, qu'il est désormais temps d'élargir notre vision de la fraternité, afin de créer un Groupe d'appartenance où personne ne sera laissé sur le côté.

L'Esprit : Ta parole est belle et ton intention est noble. Je te vois penser et je te dis ceci : non, tu n'es pas prétentieux, tu es tout sauf ça et tu es effectivement un phare.

Que ta lumière, à laquelle je joins la mienne, éclaire vos consciences afin de faire de votre quotidien un monde au sein duquel la fraternité devienne pour vous un concept qui ne laisse effectivement personne à l'écart. Alors vous vous rapprochez de la vision divine, la vision absolue qui est celle de Dieu et que tu connais en substance : ce qui est UN ne peut plus être UN si un seul élément n'appartient plus au UN. Le UN n'est donc UN que parce que TOUS appartiennent au UN.

Voilà la réalité de ce qui est et voilà pourquoi la fraternité est ce lien d'UNI-on avec tous les êtres.

Moi : Merci l'Esprit. Tu vois, même plus de deux mois après l'écriture d' *« Enseignement spirituel par canalisation »*, j'ai le sentiment que cette discussion ne s'est jamais arrêtée…

… car elle ne s'est jamais arrêtée n'est-ce pas ?

L'Esprit : Elle ne s'arrêtera jamais.

06/03/2025 :

Moi : Bonjour L'Esprit.

L'Esprit : Bonjour fils, je suis à ton écoute.

Moi : Je n'ai pas de thème aujourd'hui.

L'Esprit : Tu en as plusieurs. Tu ne sais pas par lequel commencer.

Moi : J'en ai plusieurs en effet. Mais un en particulier a pris le pas sur les autres.

L'Esprit : Tu ne comprends plus le monde dans lequel tu vis. Ta vibration en s'élevant n'est plus compatible avec les vibrations du monde dans lequel tu vis. En réalité ce n'est pas le monde qui a changé, mais toi seulement.

Moi : Tu veux dire que la situation du monde n'est pas plus « grave » que ce qu'elle a pu être par le passé ?

L'Esprit : Si pour vous « gravité » est votre capacité à vous autodétruire, elle n'est en effet pas plus grave que par le passé, je dirais même qu'elle est sous un certain point de vue « meilleure », tu ne t'attendais pas à ce que je te dise cela, n'est-ce pas ?

Moi : Non, je ne m'y attendais pas.

L'Esprit : C'est qu'en réalité votre monde a déjà connu de multiples conflits, guerres et destructions de toutes sortes. Mais actuellement, il existe aussi davantage de consciences, comme la tienne, et tant d'autres, qui ont pour souhait de ramener votre nature d'êtres spirituels vers ce qu'elle est vraiment, vers ce lien de fraternité et d'Amour finalement que l'on évoquait avant-hier.

Moi : Je comprends l'Esprit. Mais ne « trouves-tu » pas que depuis quelques années nous régressons ?

L'Esprit : Tu évoques la situation géopolitique actuelle. Et laisse-moi te dire que ta vision est perturbée par ton affect. Bien sûr, tu as le nez dans le guidon comme on dit, donc tu ne perçois pas directement la réalité de ce qui est.

Pourtant tu le sais.

Tu sais que ce que tu perçois n'est qu'une vision limitée de votre évolution globale.

Vous évoluez dans le bon sens en le choisissant.

Vous pensez que nous avons toutes les cartes en main et que nous pouvons lire dans l'avenir alors qu'il n'existe pas d'avenir. Tout ce que vous décidez, vos choix, sont faits ici et MAINTENANT.

Alors si ta perception du monde est de voir la régression, tu te placeras toi-même sur cette vibration moins forte qui t'entoure.

Je te l'ai déjà dit, tu n'obtiendras jamais de message négatif de ma part.

Je suis une vibration d'Amour qui a une foi absolue en la vôtre [votre vibration d'Amour].

Imagine une seule seconde qu'il ne puisse pas en être le cas.

Que serait alors Dieu pour vous ?

Une vibration négative ?

C'est vibratoirement impossible.

Alors retiens ceci et retenez-le tous : **Vous êtes des vibrations d'Amour car cela est votre nature, votre essence. L'Homme n'est pas né dans le péché. Oubliez tous vos acquis sur le sujet. Bien sûr, toi tu le sais mais crois-moi c'est loin d'être clair dans l'esprit de tous.**

Comme tu le dis toi-même : **DEPROGRAMMEZ-VOUS.**

Le programme qui est implanté chez vous est si fort que vous n'avez actuellement que très peu de moyens de comprendre que d'autres voies sont possibles.

Tant que vos consciences continueront de croire que la voie actuelle (pour reprendre la situation géopolitique que tu as en tête) est LA VOIE à suivre, aucune déprogrammation ne pourra avoir lieu.

Tu dois toi-même te déprogrammer du programme qui consiste à croire que cela peut tourner mal.

Tout tournera bien si tu le décides ainsi.

Moi : D'accord l'Esprit, pardonne mon pragmatisme, mais même en admettant que j'améliore mon programme en me plaçant toujours sur cette vibration d'Amour à laquelle je crois effectivement…

L'Esprit : Il ne s'agit pas de croyances, il s'agit de ce que tu es…

Moi : Bien sûr, mais notre création est collective. Je ne peux seul changer les choses.

L'Esprit : Tu viens de toucher là une autre croyance erronée qui est de penser que seul on ne peut rien faire.

Je vais t'expliquer par des mots simples pourquoi cela est faux.

Déjà et tu le sais, il n'existe qu'un seul être. Si je commence par cette explication, c'est que tu es parfaitement en phase avec cela aujourd'hui et chacun finira également par le comprendre tôt ou tard.

Ce faisant, chaque prise de conscience agit comme un multiplicateur : lorsque la lumière d'un être («morceau» de l'être UN) éclaire ceux qui l'entoure, ce n'est pas un seul être qui change la conscience mais une quantité importante d'êtres en même temps car la lumière est de l'Amour, elle est contagieuse.

Elle se répand de manière exponentielle.

Moi : Est-ce que ce n'est pas aussi le cas du non-Amour l'Esprit ?

L'Esprit : Oui et non. Car le non-amour n'existe pas.

Il est Amour à un degré faible.

Alors, lorsque le « non-Amour » comme vous l'appelez est diffusé, il ne fait que « peu » augmenter ou ralentir la diffusion des vibrations d'Amour.

Mais vois-tu, l'Amour ne ralentit jamais vraiment dans l'absolu car l'Amour EST.

Dieu n'a pas besoin de vous pour ÊTRE.

Tu le sais toi-même : Ce qui Est ne peut pas ne pas Être.

Néanmoins, sous un certain point de vue, Dieu a bien sûr « besoin » de vous pour faire croître ses vibrations d'Amour.

C'est son OBJECTIF et tu le sais aussi : il cherche à faire l'expérience de Lui-même à travers le vivant, faire l'expérience magnifique de son rayonnement pur d'Amour.

Alors, si votre conscience le permet, vous pouvez faire le choix d'activer ce rayonnement.

Si vos consciences ne le permettent pas, vous ne participerez pas (ou très peu) à ce rayonnement mais dans le même temps vous ne pourrez jamais l'éteindre.

Comprends-tu ?

Moi : Je comprends que nous n'avons rien à craindre dans le sens où l'Amour est éternel et que rien ne peut l'atteindre.

L'Esprit : C'est un bon début et c'est effectivement vrai : l'Amour ne peut pas ne pas être.

Moi : Alors nous n'avons pas à avoir PEUR car nos consciences doivent comprendre que l'Amour Est et que rien ne peut le détruire. Toute peur est donc infondée.

L'Esprit : La PEUR n'existe pas mon cher ami. Elle est une illusion des mondes relatifs.

Je dis « les mondes » car votre monde terrestre est un monde relatif parmi les mondes mais ce n'est pas le sujet ici.

Retiens bien ceci et avec toi tous ceux qui te liront : **Il n'existe aucun monde dans lequel l'Amour ne puisse pas « gagner » comme vous le dites. Car votre essence d'êtres spirituels étant AMOUR, L'Amour finira toujours par être révélé en vous dès que vos consciences le permettront.**

Je viens ici de te révéler une vérité spirituelle très importante : Nous savons déjà que l'Amour sera victorieux pour employer un mot qui vous parle.

Car l'Amour Est. Et vous finirez tous par rejoindre cette vérité, tôt ou tard, quel que soit le « temps » que cela prendra. Ce

« temps » tu l'as compris n'est pas un « temps temporel » mais un « temps de conscience ».

Alors pour ce qui concerne votre monde : oui la PEUR est présente. Mais elle est une illusion créée par votre ego.

Soyez alors ce rayon de lumière dans votre monde, quel qu'il soit.

Il n'existe aucun temps ni aucune dimension parmi tous les mondes relatifs existants où vous ne puissiez faire le choix d'incarner la lumière que vous êtes en essence.

Ne laissez pas la PEUR dominer votre création. Car votre pouvoir de création est puissant et si vous pensez PEUR, telle sera l'illusion que vous vous créerez : un monde de PEUR.

Je sais que c'est difficile pour vous de le mettre en application car votre expérience est difficile : votre ego fait taire la voix de votre âme.

Votre « travail » quelque part est de retrouver le son de la voix de votre âme.

Cette voix « doit » vous paraître familière.

Plus vous écouterez cette voix, plus elle vous paraîtra familière et plus alors elle vous enrobera de son Amour.

Lorsque l'Amour pénétrera chacune de vos cellules, vous comprendrez en essence que la PEUR est une pure création de vos esprits.

Elle n'a aucune existence spirituelle.

Tout est Amour.

Il existe un Amour vibrant très haut et un Amour vibrant bas.

Mais rien est « non-Amour » fondamentalement.

Ce faisant, quel que soit l'état de votre monde, vos êtres d'Amour resteront à jamais rattachés à Dieu.

Plus vous vivrez dans un monde de PEUR, moins vous devrez céder à ces vibrations de PEUR qui vous entourent car si vous faites cela, vous augmenterez l'égrégore de Peur en l'alimentant. Cette PEUR n'existe que parce que votre Conscience lui donne existence et lui donne un terreau pour se manifester.

Dans le monde dans lequel NOUS évoluons chers amis, la PEUR n'existe pas.

Nous vous observons en contemplant les PEURS que vous créez, comme des enfants malheureux de vos consciences, comme des fantômes qui vous suivent et que vous créez vous-mêmes.

Mais nous voyons aussi que ces PEURS sont transparentes : elles peuvent disparaître aussitôt que vous en faites le choix.

Ce que vous faites, vous pouvez aisément le défaire.

En revanche, vous ne pourrez jamais défaire ce que vous êtes car votre essence est Amour divin.

Tu reliras à plusieurs reprises ce long monologue que je viens de te faire et de vous faire à tous et tu comprendras parfaitement en conscience que la PEUR n'existe pas.

Alors n'ayez plus peur de la peur. Faites confiance à votre vibration d'Amour primordiale. Elle vous guidera à chacun de vos choix, quel que soit le monde qui vous entoure. Votre réalité ne dépend pas de l'extérieur. Faites toujours, en n'importe quelle circonstance, briller votre étincelle d'Amour interne car votre monde intérieur est un monde d'Amour qui changera celui que vous percevez en dehors de vous-mêmes.

Ne pensez pas à « et demain », « et après » : soyez Amour MAINTENANT. Ne mentalisez pas la PEUR, cela lui donne du pouvoir. Ne vous placez dans aucune ligne temporelle.

Ayez simplement conscience, pour faire grandir votre monde (en faisant grandir vos consciences), que l'Amour Est et Il est MAINTENANT.

Alors tout le reste disparaîtra : la PEUR, la HAINE, la JALOUSIE...

Les illusions disparaîtront de votre réalité consciente si vous vous fixez sur l'ici et maintenant, dans l'Amour.

Moi : Waouh, merci l'Esprit, je ne m'attendais pas à un aussi grand monologue.

L'Esprit : Il était nécessaire, non pour toi mais pour tous.

Il contient en lui seul d'innombrables notions qui pourraient faire l'objet de développements entiers.

Moi : C'est vrai l'Esprit.

Je vais résumer en trois paragraphes pour faire une sorte de conclusion pour ceux qui nous lisent :

1/ L'Amour est irréductible. Nous ne pouvons pas l'éteindre, nous ne pouvons que refuser de l'alimenter. Dieu est comme nous : éternel.

2/ Puisque l'Amour n'aura jamais aucune fin (et donc nous non plus), nous n'avons pas à craindre quoi que ce soit. Nos Peurs sont des créations de l'ego que nous alimentons. Nous pouvons aussi bien décider de ne plus les alimenter et décider de faire rayonner l'Amour pour modifier notre monde, depuis l'intérieur vers l'extérieur.

3/ Faire rayonner l'Amour se fait toujours dans l'ICI et MAINTENANT. C'est le moment présent, le seul qui existe pour nos âmes. Toute tentative de mentalisation ou de projection temporelle est illusoire et ne fait donc qu'alimenter elle-même l'illusion constituée par la Peur.

L'Esprit : C'est un bon résumé fils.

Alors ne cédez pas aux peurs que votre monde extérieur suscitent via votre affect.

Pensez Amour MAINTENANT. Il n'existe que le MAINTENANT.

Lorsque tu écoutes ma voix tu l'écoutes maintenant. Elle n'existait pas hier. Elle n'existera pas demain.

Elle n'existe qu'ici et maintenant, dans l'éternel instant présent.

A contrario, la Peur existait hier, elle peut exister aussi demain mais elle n'existe pas pour qui sait se placer dans l'instant présent : le seul instant qui existe pour l'âme.

Moi : Merci l'Esprit.

07/03/2025 :

Moi : Bonjour l'Esprit.

L'Esprit : Bonjour fils.

Moi : Je te remercie avant toute chose l'Esprit pour tes messages d'hier.

Tu nous as expliqué beaucoup de choses. Et il est vrai que la « peur » est la reine de toutes les illusions car elle nous enferme dans un schéma de pensée logique (certes nécessaire à notre vie matérielle) mais nous empêche d'écouter notre âme. Ce que tu as dit me paraît très important : l'écoute de l'âme se fait toujours dans l'ICI et MAINTENANT. Seul l'ego cherche à nous extraire de l'instant présent pour trouver la force de survivre.

L'Esprit : C'est là un bon résumé fils. N'oublie pas (et à travers toi chacun d'entre vous) que l'ego est un programme nécessaire. Il est nécessaire à votre expérimentation dans la dualité. Mais en effet, l'illusion est de croire que vous êtes ce programme alors que vous êtes tout sauf ce programme. Vous êtes des êtres divins.

Tu le disais toi-même dans tes publications : l'ego est un outil, c'est en effet ce qu'il est. Il ne faut donc pas confondre l'outil avec qui vous êtes vraiment.

Moi : L'Esprit, je te remercie en particulier de nous avoir « informé » qu'en conscience l'Amour est toujours présent et ne peut pas disparaître [L'Amour est présent mais n'est pas toujours visible par la conscience de celui qui refuse de le voir]. Tu as dit que c'était une vérité spirituelle fondamentale. Je pense que sa compréhension profonde nous permettra, pas à pas, de casser ces schémas de peur qui nous gouvernent, comme tu me l'avais dit en message canalisé la nuit lorsque j'ai écrit *« Nous sommes éternels »*.

L'Esprit : Tu étais prêt à recevoir cette vérité car tu la connais déjà depuis un « moment ». Cette vérité est pour tous même si tous ne la comprendront pas. Vous ne pouvez supprimer l'Amour pour la même raison que vous ne pouvez vous supprimer vous-mêmes. Car vous êtes l'Amour. Alors, vos destructions sont matérielles et c'est bien « triste » pour reprendre vos mots mais vous ne pouvez détruire qui vous êtes : vous n'avez pas de commencement, vous n'aurez donc jamais aucune fin. Vous continuerez d'évoluer selon des principes qui sont fixés par vous-mêmes et cette évolution n'aura elle-même jamais aucune fin puisque rien n'a de fin dans quelque réalité spirituelle que ce soit.

Vois-tu, le mot « fin » est comme le mot « peur », il n'a pas d'existence spirituelle dans l'absolu.

Tout ceci sont des mots que ma conscience reprend à travers ton propre niveau de conscience pour adapter mon message à votre réalité.

Nous avons déjà abordé cette thématique dans *« Enseignement spirituel par canalisation » (tome 1)* : mes mots sont ceux de ton propre canal mais le message, lui, est universel. Les mots employés sont des mots humains. Le langage de lumière est plus global et à la fois plus détaillé que votre langage humain. A chaque fois que nous parlerons d' « illusions », de « peur », de « fin », de « mort »…, tous ces mots seront utilisés comme si je me plaçais à votre niveau, essentiellement pour vous faire comprendre que ces mots n'ont d'existence que dans votre réalité. Ils sont tous illusoires dans la réalité de l'âme, dans le monde absolu duquel je proviens.

Tu avais toi-même développé, sous ma guidance, l'équation divine qui est de dire que tous ces mots sont les mêmes, à savoir : **« DIEU = VIE = AMOUR = LIBERTE = VERITE = PAIX = EVOLUTION »**.

Eh bien, je ne t'apprendrais rien en te disant que toutes les illusions sont également les mêmes :

« PEUR, HAINE, JALOUSIE, SUPERIORITE, BESOIN, MANQUE… », ce sont TOUS des illusions.

Ce sont des créations de vos consciences.

Vous choisissez ou non de les alimenter. Et nous n'interviendrons JAMAIS pour vous en empêcher.

Certains diront que nous sommes des êtres « méchants » car nous ne stoppons pas vos « malheurs ».

Mais tu l'as expliqué de manière claire dans *« Nous sommes éternels »* : vous êtes les propres causes de vos malheurs. Lorsque votre niveau de conscience le permettra, vous finirez tous par comprendre que c'est justement l'AMOUR, l'AMOUR inconditionnel que nous représentons et que nous sommes véritablement en substance qui nous empêche d'intervenir dans votre réalité. Nous intercédons, ça oui, mais jamais nous ne nous permettrons, au nom de l'Amour, et au nom du libre arbitre (qui n'est rien d'autre que la traduction de l'Amour libre) de forcer vos choix.

Vos consciences ne peuvent évoluer que par les choix « conscients » que vous décidez de faire.

Il n'y a pas d'autre possibilité.

Rappelle-toi les développements sur le guide de lumière *[« Enseignement spirituel par canalisation » Tome 1]* : le guide éclaire, il ne fait jamais « à la place de ». S'il faisait « à la place de », il volerait la lumière de la conscience qu'il cherche à éclairer.

Imaginez-vous un Dieu qui vous volerait votre lumière ?

Comprenez mes enfants l'importance du libre arbitre, comprenez en conscience ce que signifie l'Amour inconditionnel.

Il n'y aura jamais de dérogation à cette règle.

Vous êtes des consciences libres.

Cette même liberté doit vous permettre de faire vos propres choix pour évoluer.

Il en va ainsi.

C'est tout le plan de Dieu que de faire l'expérience de son Amour libre, sincère et véritable, à travers vous tous, magnifiques consciences que vous êtes et dont nous observons l'évolution avec un Amour démesuré car nous savons, NOUS, que nous sommes vous.

Ce que vous êtes, nous l'avons été.

Vous ne pouvez le comprendre car vous analysez l'évolution en terme « temporel » et c'est à certains égard parfaitement normal.

Si vous supprimez le « temps », il reste un INSTANT UNIQUE dans lequel évoluent les consciences.

Cet instant unique est notre instant à tous : nous évoluons donc aussi grâce à vous.

Moi : Tu veux dire que ce que nous sommes vous l'avez été. Donc ce que vous êtes nous le serons ?

L'Esprit : Tu le sais très bien. Vous serez ce que nous sommes car nous sommes ce que vous êtes. Le temps de la conscience n'est pas un temps linéaire.

Chers enfants, vous ne réalisez pas à quel point toute la vie ne tient qu'à cette phrase : NOUS SOMMES UN.

Ce n'est pas une phrase à prendre à la légère même si beaucoup l'emploient chez vous dans les publications spirituelles ça-et-là.

Vous ne mesurez pas la portée de ces trois simples mots. Nous sommes absolument unis. Le fait de comprendre, en conscience, que nous sommes UN permet de décliner toutes les réalités spirituelles que nous pouvons évoquer à travers tous les livres et toutes les publications que tu as faites et que tu feras encore.

Toute ces publications, cher ami, tu les écris maintenant.

Mais tu ne mesures pas qu'elles sont en réalité hors du temps.

Tu les as déjà toutes écrites.

Car tout ce que tu as écrit existe déjà.

Tout ce que je te dis existe déjà.

La seule question est que choisis tu d'écrire maintenant ?

C'est ce que tu choisis d'écrire maintenant, à travers nous, qui révèle à ceux qui te lisent les points de départ d'évolution de ta conscience et des leurs, MAINTENANT. Toutes les potentialités existent déjà mais seules celles qui sont choisies MAINTENANT sont vecteurs d'évolution de vos consciences.

Vous finirez tous par le comprendre.

Vous finirez tous par comprendre pourquoi l'âme ne peut se situer en dehors du MAINTENANT.

Mais il me semble que j'ai débordé car tu souhaitais me parler d'autre chose aujourd'hui…

Moi : Déjà je te remercie. Je te remercie de nous donner davantage de clés pour comprendre l'illusion du temps.

Je pensais aujourd'hui te parler d'une autre illusion qui est celle de la SUPERIORITE.

Mais si tu le veux bien, continuons de parler de l'illusion du temps, nous remettrons le reste à plus tard.

L'Esprit : Tu en fais le choix, alors qu'il en soit ainsi.

Moi : Je sais que tu m'as amené à parler du TEMPS l'Esprit. Je suis TOI donc je ne suis pas bête. Tu ne m'as pas imposé ce choix. Je voulais parler de l'illusion de supériorité mais je fais le choix, puisque tu me l'as insufflé, de parler du TEMPS.

L'Esprit : Bien sûr que tu n'es pas bête mais tu es surtout conscient. Puisque tu acceptes de parler du temps, poursuivons.

Tu le sais, dans votre réalité relative, votre temps est perçu de manière linéaire.

Tous mes développements ci-dessus (y compris ceux d'hier qui visaient à préparer le terrain) me conduisent à vous dire que le temps est une illusion. Car le seul temps qui existe est LE MOMENT PRESENT.

Votre temps est un concept malléable qui s'adapte à votre réalité biologique. Ce n'est pas le temps de l'âme.

Tu le sais toi-même : lorsque vous êtes dans la joie, lorsque vous vous amusez, le temps semble aller plus vite. Inversement, l'ennui ou la souffrance « ralentit » le temps.

Tu comprends à travers cela le caractère malléable du temps n'est-ce pas ?

Moi : Parfaitement.

L'Esprit : Je ne vais pas rentrer en détails dans les explications scientifiques du temps (certains l'ont très bien fait parmi vous, notamment Einstein) mais vais axer mon message sur le caractère illusoire du temps pour votre âme.

Le temps étant malléable, vous comprendrez donc aisément qu'il n'existe pas « UN TEMPS » mais « DES TEMPS ». En modifiant la courbe de l'espace-temps, vous modifiez le temps. Car le temps est un espace qui permet de parcourir la distance d'un point A à un point B.

La vitesse réduit donc le temps mais au-delà, la modification de chaque variable joue également sur le temps.

Si vous déplacez le point B en le rapprochant du point A, le temps pour aller de A à B diminue.

Si vous augmentez la vitesse de votre trajet de A vers B, le temps diminue aussi.

Je stoppe les exemples ici.

Le temps est MALLEABLE. Il est une réalité illusoire de la MATIERE.

Même ce que vous appelez « la vitesse de la lumière » n'échappe pas à la réalité duale du temps.

Vous avez découvert que la lumière est l'élément qui se déplace le plus vite dans ce que vous appelez le « vide ».

Déjà, le vide n'existe pas. L'énergie remplit tout.

Ensuite, comment pourriez-vous donner une quelconque consistance au TEMPS lorsque la vitesse n'a plus lieu, lorsqu'il n'existe pas même de point A et de point B vers lequel se rendre ?

Moi : En effet, cela me rappelle un contact médiumnique avec Natty Thou aux termes duquel mon fils disait qu'il serait auprès de nous pendant les vacances tout en restant avec son petit frère resté à la maison. Lorsque Natty Thou a dit que bien sûr il pouvait être partout en même temps, qu'il se déplaçait « à la vitesse de la lumière », mon fils a répondu : « T'as tout compris ».

L'Esprit : En effet, les êtres spirituels que nous sommes tous (même si cela n'est pas visible pour vous sur Terre) ont ce « don d'ubiquité ».

Que reste-t-il du temps s'il n'existe aucun écart entre le fait de se trouver à la fois en un point A et un point B ?

Moi : Rien en effet.

L'Esprit : L'espace et le temps sont une même réalité dans votre monde dual : le temps a été « inventé » pour mesurer l'espace par l'intermédiaire d'une autre variable que vous appelez la vitesse.

Votre conscience n'obéit pas à cette logique. Elle ne connait pas l'espace au sens où vous le percevez car elle peut se rendre partout. Elle ne connaît donc pas le temps, par une relation de cause à effet, puisque le temps ne peut survivre sans l'espace et vice versa.

Alors, et tu le sais très bien, même si cette réalité est impossible à comprendre pour vous sans en avoir fait l'expérience (ou plutôt sans vous rappeler que vous l'avez déjà faite) : tout ce que vous qualifier d' « événements » n'arrive que dans un seul « TEMPS » (que j'appelle « TEMPS » pour vous faire passer le message) : le PRESENT.

Car voyez-vous le PRESENT n'est en réalité pas un TEMPS, pour la même raison que les autres illusions ne sont pas réelles dans le monde de Dieu : la conscience existe dans le temps qui est le sien. Le seul temps qui existe n'est donc pas temporel, c'est un temps de conscience.

Le temps pour nous, être spirituels non incarnés, est le temps de la conscience. Vos consciences évoluent en mettant plus ou moins de « temps ». Ce temps n'est pas linéaire, il est vertical pour reprendre une image parlante (bien qu'elle-même limitante) employée par toi dans *Nous sommes éternels ».* Il est assez juste pour votre compréhension de voir le temps comme un piquet vertical sur lequel les événements de toutes vos vies s'empilent.

Je dis bien « vos vies » car vous êtes des êtres multidimensionnels qui accomplissez leur évolution dans un seul temps : LE PRESENT, autrement dit le « temps de la conscience ».

Alors, plus votre piquet contiendra de feuilles de « temps », plus les papiers s'amasseront sur ce piquet, et plus cela permettra de « mesurer » pour ainsi dire l'évolution de votre conscience car plus cela vous aura permis de rassembler une quantité d'expériences nécessaires à votre évolution.

[L'Esprit fait référence au concept de SEQUENTANEITE notamment exposé dans « Conversations avec Dieu » de Neale Donald Walsch. Tout arrive à la fois de manière séquentielle et simultanée. Pour nous permettre d'approcher une meilleure compréhension des choses, ce que l'Esprit appelle le « temps de conscience » est métaphoriquement un temps « vertical ». Ce

n'est pas un temps « horizontal ». Il n'est donc pas linéaire, ce qui converge vers notre multidimensionnalité. Ce qu'on appelle « événements » n'en sont pas vraiment au sens temporel du terme car ils arrivent tous en même temps, mais de manière séquentielle. Ils sont donc « séquentanés ». C'est une notion qu'il est difficile pour nous d'appréhender dans l'incarnation].

Moi : Merci l'Esprit.

Je pense que chacun peut comprendre, à l'aune de ces explications, que le temps est parfaitement illusoire même s'il guide notre quotidien dans le monde matériel car ayant, nous, une vision linéaire du temps, nous devons marquer les événements pour avancer dans notre quotidien.

L'Esprit : Votre programme le permet en effet. Mais vous n'êtes pas le programme.

Je ne dis pas qu'il faut vous soustraire au temps car le programme sert votre évolution mais que vous devez, comme pour toute illusion, avoir conscience que le temps n'existe pas dans l'absolu.

Parfois même, vous avez l'impression de « perdre votre temps ».

Que perdez-vous en réalité quand vous perdez du temps ?

Vous ne perdez pas de temps, vous perdez simplement, en conscience, un espace qui vous aurait permis d'utiliser le temps comme un tremplin pour satisfaire un besoin ou une envie.

Et ce besoin ou cette envie, en substance, est elle-même comme le temps : il/elle est une illusion de votre programme.

Toutes les illusions s'assemblent et se ressemblent. Elles sont toutes la résultante d'un programme [l'ego] qui n'est pas Qui Vous Êtes Vraiment.

Nous évoquerons en détails toutes ces illusions, afin de vous permettre, en conscience, de les faire tomber, une par une, comme un château de cartes.

C'est le message fondamental de toute cette discussion que tu as avec toi-même et donc avec moi *[il rit]* : car que restera-t-il lorsque toutes ces illusions auront été révélées à votre conscience comme les illusions qu'elles sont ?

Moi : Il restera uniquement ce que l'on est. L'Amour.

L'Esprit : Parfaitement.

Un Amour qui échappe au temps, qui échappe au besoin, qui échappe à la souffrance, qui échappe à la peur.

Un Amour qui est Ce que Vous Êtes et qui se sait ETERNEL.

Moi : Je te remercie l'Esprit.

Nous n'avons rien à craindre n'est-ce pas ?

Car tout ce (ceux) qu'on aime ne meurt jamais ?

L'Esprit : Absolument.

Toutes vos craintes sont infondées, sans exception.

Vous êtes cet Amour qui défie l'espace et le temps.

Séance 4 – La supériorité

08/03/2025 :

Moi : Bonjour l'Esprit.

L'Esprit : Salut mon fils.

Moi : Déjà, je voulais te remercier pour tes explications d'hier sur le temps. Elle sont très importantes.

Et juste avant de reprendre ma discussion avec toi aujourd'hui, je te remercie aussi pour la synchronicité que tu viens de m'envoyer : j'ouvre l'application tik tok et je tombe directement sur la vidéo d'un homme qui dit qu'Einstein a expliqué que le temps n'existe pas.

Si avec ça je continue à douter de ma connexion avec toi…

L'Esprit : Cette synchronicité comme tu l'appelles était en effet grosse comme une maison.

Je t'en enverrai d'autres, à chaque fois que le doute s'immiscera en toi. Et sache-le, c'est bien normal [que le doute s'immisce en toi]. Même en te sachant connecté à moi, ton programme (que tu appelles l'ego) te conduira toujours à t'éloigner de tes ressentis. Mais tes ressentis sont aujourd'hui très forts et tu sais comme moi que nul programme ne pourra désormais t'éloigner « bien loin » de qui tu es et donc ne pourra t'éloigner de moi.

Moi : Merci l'Esprit, merci pour ta sagesse.

L'Esprit : Cette sagesse est tienne mon fils.

Vois comme le doute n'a pas sa place dans le champ [chant ?] de l'âme.

Le doute est comme tout le reste, une ILLUSION du programme.

Nous avions déjà abordé le doute en toute première partie d' *« Enseignement spirituel par canalisation » (tome 1).*

Le thème que nous allons aborder aujourd'hui, une autre illusion du programme que vous appelez l'ego, a été choisi par toi.

J'accepte bien sûr de te dévoiler et de dévoiler à ceux qui te lirons les informations de conscience que ta propre conscience a déjà assimilées.

Parlons alors de l'illusion de SUPERIORITE.

Moi : Merci l'Esprit. C'est en effet ce dont je souhaite parler. Et j'ai beaucoup de choses à dire là-dessus.

L'Esprit : Oh mais je le sais et à travers moi ne sera transmis à ce jour que l'essentiel : ce que vos consciences ont besoin d'entendre aujourd'hui.

Moi : Démarrons alors par le même rappel, celui de notre UNITE avec la Vie.

L'Esprit : Parfait, tu prends le sujet de la « bonne » façon.

Je t'ai en effet expliqué hier que toutes vos illusions, servant un programme nécessaire qu'est l'ego, doivent être perçues par vos consciences comme les illusions qu'elles sont et non comme la réalité de ce qu'elle ne sont pas. Car si c'est ce deuxième choix qui est fait par vous, alors vos illusions deviendront réelles.

Je t'ai aussi expliqué en effet que pour démonter chaque illusion, vous devez partir de la racine. La racine est notre UNION spirituelle, notre non-détachement avec l'Unité de conscience.

Hier, nous avons parlé du TEMPS. Puisque nous sommes UN et partout à la fois dans un temps unique de « non-temps » (le temps de conscience), le temps n'existe pas dans l'absolu car ce qui compose tout ne connaît ni espace ni temps, rien ne pouvant exister en dehors du UN.

De la même façon, l'Unité de conscience par laquelle vous êtes tous énergétiquement rattachés au UN implique que l'énergie du UN que vous appelez « Dieu » circule en vous tous.

Ce faisant, la SUPERIORITE n'a aucun sens pour qui se sait rattaché au UN car ce qui est UN ne peut se sentir supérieur à lui-même.

Moi : Merci l'Esprit.

Arrête-moi si je me trompe mais le programme qui est en nous et qui fait que les humains se sentent souvent supérieurs à leurs semblables (et mêmes à d'autres êtres vivants qu'ils jugent eux-mêmes « inférieurs ») est une croyance (pensée-racine) enracinée si profondément en nous qu'elle devient justement difficile à défaire. Cette croyance est fondée sur la prétendue supériorité de Dieu sur l'Homme, sur notre sentiment de SEPARATION avec le divin.

L'Esprit : Parfaitement mon fils. L'illusion de SUPERIORITE est intimement liée effectivement à une deuxième illusion tout aussi grandiose qu'est l'illusion de SEPARATION.

En réalité toutes vos illusions sont comme des poupées-russes qui ont pour « origine » une seule et même grande illusion : celle de votre SEPARATION avec nous.

Tant que vous ne comprendrez pas le sens profond du « NOUS SOMMES UN », vous verrez la dualité de votre monde comme une réalité tangible alors qu'elle est elle-même l'illusion qui sert votre évolution.

C'est cette séparation d'entre vous et Dieu, illusoire bien entendu, qui a donné naissance à la Peur et l'ensemble de ses dérivés (la haine, la jalousie…) et toute forme de « souffrance » de manière générale.

Rappelle-toi : je te l'ai dit moi-même en message « canalisé » dans ton premier livre *[« Nous sommes éternels »]* : « *Votre âme ne recherche pas la souffrance »*.

A chaque fois que vous souffrez, posez-vous la question de ce que vous n'avez pas compris dans votre rapport avec le programme qu'est votre ego. La souffrance ne provient JAMAIS de votre âme. Elle est une dissociation (ou dissonance) entre ce que vous êtes vraiment et ce que vous croyez être.

L'Univers tout entier est fondé sur un équilibre parfait.

Tout déséquilibre a une cause qui ne provient pas de votre nature divine.

Pour évoluer, vous devez comprendre les causes de vos déséquilibres.

En comprenant les causes de vos déséquilibres, vous finirez par comprendre les causes de vos « souffrances ».

Ce chemin vous est propre et je ne peux intercéder sur cela sans violer votre libre arbitre.

En revanche, je peux vous dire, à travers ta voix et tes mains qui retranscrivent fidèlement ce que je murmure à ta conscience, que vos « souffrances » on toujours à voir avec une dissonance entre la réalité de ce que vous êtes et les illusions que votre ego (par votre pouvoir de création illimité) impose à votre être.

Il vous incombe de renverser la situation. Votre âme est la seule à pouvoir imposer à l'ego ce qu'il est. Utilisez l'ego, voyez-le toujours comme un outil.

Comprenez que toute souffrance a toujours pour cause une illusion non maîtrisée, une croyance de votre part ayant décidé de faire de cette illusion votre réalité.

Moi : Merci l'Esprit. Merci beaucoup.

Pour en revenir à l'illusion de SUPERIORITE, et même si mon discours n'a absolument pas pour intention de faire le « procès des religions », on nous a enseigné depuis si longtemps que Dieu est un être séparé de nous, que nous lui devons obéissance et que le « jugement dernier » existe. Si nous ne nous comportons pas « bien » selon les normes de Dieu (qui sont en réalité les normes des hommes que ces derniers ont eux-mêmes attribué à un Dieu qu'ils ont façonné de toutes pièces), Dieu peut nous punir. A l'inverse il peut nous récompenser si nous répondons à ses attentes.

Je n'ai pas envie de développer plus l'Esprit, je l'ai déjà fait dans « *Nous sommes éternels* ».

L'Esprit : Tu l'as fait en profondeur en effet et je t'en remercie encore. Tes écrits feront leur bout de chemin, crois-moi. Un pavé a été lancé dans la mare comme vous dites. Et vous êtes aujourd'hui nombreux à avoir lancé un pavé. La mare sera alors jonchée de pavés et les autres consciences ne pourront ignorer le tumulte de l'eau dont la surface aura été si agitée qu'il sera impossible pour elles de ne pas le percevoir.

Moi : Waouh, je te remercie pour cette belle métaphore, très parlante en effet.

L'Esprit : Pour reprendre ce que tu disais, bien entendu, l'illusion de SUPERIORITE est encore très forte dans le monde dans lequel tu évolues actuellement dans cette réalité-ci car votre illusion de séparation est encore très forte elle aussi.

Vous ne comprenez pas encore que vous êtes vous-mêmes les Dieux que vous priez.

Puisqu'il n'y a qu'une seule énergie, il ne peut y avoir de supériorité de cette énergie sur elle-même.

Je te donne la preuve (si tant est qu'il faille la donner) que la supériorité est une illusion : toutes les personnes qui dans ta réalité comme dans d'autres, et ce depuis plusieurs siècles et même davantage, se sont pensées et ont agi comme si elles étaient supérieures à leurs semblables, ont toujours terminé par se sentir « vides » de l'intérieur.

Leur monde extérieur caractérisé par la DOMINATION et le CONTRÔLE exercés sur leurs semblables était en dissonance avec leur moi intérieur profond.

Tu le sais toi-même : combien de vos « riches » milliardaires cachent un mal-être profond. Certains apparaissent pimpants et fringants, mais nous voyons NOUS clairs dans leur âme. Leur aura ne respire pas la vitalité. Pour beaucoup de ces personnes, l'Amour véritable (qu'ils sont pourtant en profondeur) a été occultée par le programme. L'Amour de l'argent et du pouvoir, conséquence d'un sentiment de supériorité affirmé, a créé une dissonance avec leur être.

Ce que je te dis là peut te paraître caricatural et pourra choquer certains mais il n'en est rien.

L'argent et le pouvoir ne sont pas « mauvais » en soi. Rien ne l'est.

La question est comment utilisez-vous l'argent ? Comment utilisez-vous le pouvoir ?

Si cette utilisation se fait en conscience de qui vous êtes, vous apporterez beaucoup à votre communauté, vous mettrez à disposition de la collectivité votre connaissance et votre sagesse, indissociables de votre volonté profonde de diffuser l'Amour.

Si cette utilisation se fait pour alimenter le programme qu'est votre ego, vos vibrations seront alignées avec le programme et non avec ce que vous êtes. Vous générerez au final une souffrance inévitable, tôt ou tard.

Comprenez que ce que je vous explique ici n'est pas un jugement de valeur.

Tu le sais : je ne suis pas le jugement et ne le serai jamais.

Ce que je vous explique ici est VIBRATOIRE.

A qui décidez-vous de donner votre énergie : au programme [l'ego] ou à votre être ?

Si vous donnez l'énergie au programme, le programme ne servira pas la diffusion de vibrations d'Amour car ces vibrations d'Amour ne peuvent émaner du programme mais que de votre être véritable.

Si vous donnez l'énergie à votre être, en commençant par vous aimer vous-mêmes et en comprenant que vous n'êtes pas le programme, cette énergie vous permettra d'utiliser tous les concepts que vous connaissez (le pouvoir, l'argent… qui ne sont pas « mauvais » en soi pour reprendre vos mots) pour les transmuter en vibrations d'Amour du simple fait qu'ils serviront ainsi les intérêts de votre âme et de l'être UN.

Votre INTENTION véritable crée donc l'effet vibratoire attendu.

Voyez-vous, même la COLERE (qui est souvent perçue comme quelque chose de négatif pour vous) peut-être transmutée en vibrations d'Amour si la raison qui vous a poussé a exprimé votre colère servait le dessein de votre âme avec pour volonté de faire vibrer l'Amour.

Tu es toi-même souvent en colère. Je ne porterai pas de jugement sur cela et tu le sais bien.

Parfois (et même souvent) ta colère est animée par une incompréhension des comportements humains. Tu as à travailler ta patience et ta colère mais au fond, ton impatience est liée à ta volonté sincère de faire croître les vibrations de la conscience.

Je vais alors te le répéter : ton intention est noble mais tu ne peux (et ne dois) qu'éclairer…

Moi : Je te remercie l'Esprit pour cette psychanalyse.

L'Esprit : Avec plaisir ! *[Il rit].*

Tu penses que nous avons débordé du sujet mais il n'en est rien.

Je viens d'expliquer que le pouvoir, l'argent, la colère… ne sont pas des concepts « négatifs » s'ils sont animés par une volonté d'Amour.

Avec beaucoup de pouvoir, on peut utiliser l'écoute des autres et la sagesse pour faire évoluer les consciences. C'est ce que tu fais en acceptant consciemment d'être le porte-parole de ce message.

C'est lorsque ce pouvoir sert les intérêts du programme qu'il se transforme (ou transmute comme vous dites) pour donner naissance à l'illusion de SUPERIORITE.

Celui que se prétend supérieur aux autres assoit son pouvoir sur les autres.

Il entretient cette croyance que la supériorité va lui donner un ascendant sur les autres et que cet ascendant lui permettra d'être heureux, car il sera « plus » que les autres, il aura « plus » que les autres, il pourra « plus » que les autres.

Tout ceci est illusion de qui il croit être.

Cette illusion finira par frapper sa conscience, dans cette vie ou une autre. Lorsque la dissonance se fera entendre, elle produira un son si désagréable pour sa conscience que de l'expérience de la supériorité naîtra celle du regret.

Vous devez en passer par là pour évoluer.

Chacun de vous s'est à un moment donné, dans cette vie ou d'autres, senti supérieur à ses semblables.

C'est l'expérience des illusions qui vous apprend à vous connaître vraiment.

Mais il est « temps » aujourd'hui que vous soyez guidés pour comprendre plus en profondeur ces dissonances lorsqu'elles deviennent une menace pour votre monde.

Or, votre monde est le terrain de vos expériences.

Vois-tu le lien dans tout cela ?

Moi : Je le vois l'Esprit.

[la domination et le contrôle ne sont jamais la signature de Dieu. En détruisant notre monde, nous détruisons un champ contextuel formidable qui nous permet pourtant d'en accélérer la compréhension].

L'Esprit : Votre illusion de supériorité est aujourd'hui telle qu'elle ne s'exerce pas seulement envers vos semblables mais aussi envers les règnes minéral, végétal et animal.

Vous vous pensez supérieurs à la nature et finissez par scier vous-mêmes la branche sur laquelle vous êtes assis en détruisant vos écosystèmes.

Vous ignorez encore, pour beaucoup d'entre vous, que la nature est en symbiose avec tout le vivant duquel vous faites partie.

Vous êtes un maillon de la chaîne du vivant, comme le sont le règne minéral, le règne végétal et le règne animal. Si l'on supprime un maillon, le lien de la chaîne du vivant est rompu.

Dans une chaîne, il n'existe pas un maillon supérieur à l'autre. Chaque maillon se sait égal à un autre maillon. Cette égalité fait que la chaîne est UNE.

Moi : Merci pour l'analogie l'Esprit.

L'Esprit : Je t'en prie.

Alors faites en sorte de ne pas casser cette chaîne, préservez la chaîne du vivant.

L'ironie dans tout cela est que vous craignez la mort alors que vous participez avant ce que vous appelez « la mort » à la destruction de la vie, sans même savoir que la mort est elle-même un passage vers une autre forme de vie, de laquelle dépend votre état d'esprit avant que vous n'ayez quitté la précédente [vie].

Moi : Détruire la vie (en apparence), tout en craignant la mort et en ignorant que la vie se poursuivra après elle. Quelle ironie en effet.

L'Esprit : Cette ironie peut être stoppée en stoppant l'illusion qui lui a donné naissance.

La fin de l'illusion dépend de vos consciences et d'elles seules.

L'évolution de vos consciences est indissociable de l'évolution de votre sentiment d'appartenance à la Vie dans son ensemble, constituant un ensemble harmonieux et en symbiose.

Pour ce faire et tu t'y attendais, je vous donne une clé : tout en sachant que vous êtes EGAUX à tout ce qui vit, **pratiquez une seule forme de SUPERIORITE : celle par rapport à vous-mêmes, à votre moi profond.**

Entamez chaque jour avec pour pensée la volonté profonde d'être « meilleurs » que vous ne l'étiez la veille. Ainsi vous ferez un travail efficace sur votre conscience. Car vous ne vous comparerez à personne d'autre que vous-mêmes. Vous agirez ainsi sur qui vous êtes à l'intérieur sans chercher à l'extérieur un point de comparaison qui ne servira jamais l'évolution de vos consciences.

Moi : Merci l'Esprit, merci de le rappeler.

C'est un point très important en effet.

L'Esprit : Ainsi vous contribuerez à faire de votre monde un monde meilleur. Ainsi vous oeuvrerez pour Dieu et donc pour vous-mêmes.

09/03/2025:

Moi : Bonjour l'Esprit.

L'Esprit : Bonjour fils.

Moi : L'Esprit tu continues de me surprendre en me suggérant des thèmes nouveaux à chaque fois me démontrant que tu es toujours là où je ne t'attends pas.

Voici ce que je reçois ce matin dans mon lit :

« *Il existe des vérités que les gens ne veulent pas entendre.*

Si je leur disais la vérité, ils ne le croiraient pas.

La vérité passerait pour un mensonge et je serai donc à leurs yeux un menteur.

Si je suis à leurs yeux un menteur, cette croyance pourrait les empêcher d'entendre de moi la vérité lorsque leur conscience serait prête à l'entendre ».

Et voici que tu poursuis après mon réveil :

« *Voilà pourquoi la vérité n'est révélée que lorsque votre conscience est prête à l'entendre.*

La vérité révélée à une conscience qui n'est pas prête à l'entendre se heurterait à une autre vérité propre à cette conscience et qui est évidemment vraie pour elle.

Pour remplir votre verre comme tu dis, il faut déjà que votre conscience soit prête à le vider de son ancien contenu.

Une vérité qui arrive trop tôt au mieux ne serait pas comprise, au pire serait rejetée et pourrait freiner votre chemin consistant à découvrir par vous-mêmes (en conscience) que cette vérité était bien vraie.

Car il existe bien des vérités absolues mes enfants. Et celles que tu révèles par ma parole en sont.

Elles ne supplanteront vos propres vérités relatives que lorsque vos consciences seront prêtes à abandonner certaines croyances ».

Moi: Merci beaucoup l'Esprit.

Je ne m'attendais donc pas à ce qu'on parle du mensonge et de la vérité.

L'Esprit: C'est un dialogue sur la thématique centrale des illusions n'est-ce pas ?

Quelles plus belles illusions que certaines de vos croyances ?

Moi: Oui mais tu viens justement d'expliquer que si on énonce une vérité trop tôt, le destinataire de cette vérité pourra penser qu'il s'agit d'un mensonge.

Or, si ce livre est lu (car je ne l'écris pas avec toi pour mon intérêt personnel) n'as-tu pas « peur » que « nous » passions pour des « menteurs » et surtout n'as-tu pas peur que ce faisant nous freinions l'évolution de nos lecteurs ?

L'Esprit: Ahhhh *[il pousse un soupir],* j'aime ta réflexion. Mais tu réfléchis trop justement, c'est donc toi qui a peur et non moi.

La réflexion est un mur que tu places juste devant ton âme. Je ne suis pas la peur. Je ne peux donc jamais « avoir peur ». La peur fait partie de ton programme, pas du mien.

La vérité est beaucoup plus subtile que ce que j'ai résumé dans le long paragraphe ci-dessus que tu as canalisé. Cette canalisation était accessible à ta conscience pour, comme toujours, simplifier pour vous la perception du message dans son essence.

Car vois-tu: ma vision est plus globale que la tienne puisque je suis toi en plus global. Toutes les potentialités me sont déjà accessibles même si je ne sais pas laquelle vous choisirez dans le seul et unique instant qui soit : l'instant présent.

Ceci, je te l'ai déjà expliqué.

Alors quand je dévoile à travers toi une « vérité », l'Univers que je représente ici pour toi symboliquement (l'être UN) fera en sorte que chaque vérité atteigne son destinataire à un moment opportun de son évolution pour lui.

Vous lecteurs, qui êtes en train de lire ce que mon messager écrit pour vous, vous êtes aussi des messagers pour les autres.

Alors, si une ou plusieurs vérités raisonnent en vous, l'Univers mettra en place les conditions pour que cette vérité soit partagée avec les bonnes personnes susceptibles de les entendre.

Ne mentalisez pas la transmission du message.

Contentez-vous d'accepter et de tenir pour vraies les seules vérités qui résonnent pour vous.

Laissez le reste.

Pourquoi ?

Car l'univers s'occupe du reste.

Et si l'univers vous a dévoilé « ce reste » sans que vous ne le compreniez pleinement dans le présent (c'est-à-dire le seul « temps de conscience ») au cours duquel vous le lisez, c'est que subtilement pour vous l'Univers mettra en place les conditions pour que vous le compreniez plus tard (dans cette vie ou une autre).

Une graine aura été plantée.

Ainsi « ce reste » ne vous est pas dévoilé par hasard.

Moi: Le hasard n'existant pas…

L'Esprit : Parfaitement.

Moi: Je te rejoins l'Esprit. Mais alors dans quel cas une vérité annoncée trop tôt peut-elle être perçue comme un mensonge et freiner l'évolution de celui qui la reçoit ?

L'Esprit : Lorsque vous forcez cette vérité.

Vous n'avez rien à faire croire à personne.

Vous avez juste à éclairer les consciences comme je te l'ai dit à maintes reprises.

« Forcer » une vérité ne veut pas simplement dire vouloir faire adhérer l'autre à votre vérité. Forcer une vérité c'est aussi l'annoncer en sachant qu'elle entrera par elle-même dans le champ d'une conscience qui n'est pas prête à la recevoir.

Vos paroles, vos écrits sont des énergies ne l'oubliez pas.

Vous n'avez que à retenir qu'il n'y a rien que ne soit pas énergie.

Car voici par exemple une vérité [tout est énergie].

En l'annonçant je sais qu'elle est déjà vraie pour toi.

Je ne te l'aurais pas annoncée si ta conscience n'était pas prête à la recevoir au risque de freiner ton ascension vers cette vérité.

Au même titre, ceux qui sont actuellement en train de la lire sont prêts à la recevoir sinon ils n'auraient pas ton livre entre les mains mais ça c'est difficile à comprendre pour vous.

Et si tes lecteurs doutent de cette vérité c'est qu'elle devait tout de même parvenir à leur conscience comme une graine sur leur chemin.

Là où la vérité (bien que vraie) finit par être un mensonge c'est lorsqu'elle freine l'évolution de celui qui la reçoit dans la mesure où l'émetteur de la vérité a cherché à forcer la conscience à tenir pour vrai ce qui lui est dit ou faire à tout le moins entrer cette vérité dans le champ de sa conscience en sachant pertinemment qu'il ne l'accepterait pas.

NOUS ne faisons jamais ça. NOUS ne forçons jamais une conscience qui n'est pas prête.

Moi: Ca je veux bien te croire l'Esprit et j'ai compris que le hasard n'avait pas sa place de sorte que chaque vérité arrivait chez son destinataire au moment idéal, pour le faire cheminer et évoluer en conscience.

L'Esprit: Parfaitement, sinon nous ne permettions pas à cette vérité d'arriver.

Moi: Mais qu'en est-il de nous l'Esprit [nous humains]. Car moi par exemple, j'ai déjà discuté avec ma compagne et je lui ai déjà dit ce qui était vrai pour moi et ce qu'elle refuse d'entendre.

L'Esprit : Cette leçon est donc aussi pour toi mon ami.

Mais je te répète ce que je viens juste de te dire: si une vérité (bien que vraie) est susceptible de sonner comme un mensonge à l'oreille de celui qui la reçoit, NOUS ne permettrons pas à cette oreille de recevoir cette vérité.

Là où ça devient compliqué pour toi c'est que la conscience de cette oreille [de la personne qui possède cette oreille] étant fondamentalement liée à la nôtre par l'Unité de la conscience, nous agissons par des moyens que vous ne soupçonnez pas et que vous ne pouvez comprendre en l'état de vos consciences incarnées.

Alors nous ne vous dévoilerons pas ces moyens que (i) vous en comprendriez pas ou (ii) qui sonneraient comme des mensonges en l'état de vos consciences.

Retenez juste ceci: facilitez nous la tâche en étant vous-mêmes conscients du poids des vérités que vous dévoilez aux autres.

Je sais que ton souhait est noble et je te le répète une nouvelle fois car cette vérité tu la connais: tu t'es incarné pour faire évoluer les consciences mais aussi pour « apprendre » comment les faire évoluer.

 Le travail d'orfèvre d'un guide est de poser une graine de vérité dans l'instant propice de la conscience qui le reçoit, afin que de cette graine émerge de la lumière et non une vérité transmutée en mensonge.

C'est difficile pour toi car tu es incarné. Tu n'as pas accès comme nous à la globalité des informations de conscience. C'est pourquoi tu écris ces lignes avec moi, ta conscience supérieure.

Je te le répète: ton âme a choisi de me contacter. C'est par amour et par conscience (ce qui est le même mot) que nous sommes unis dans cette très transmission.

Alors fais-moi confiance et ne doute pas.

Tu as juste à transmettre ces vibrations en écoutant ce que je te dicte en conscience car ce que je te dicte en conscience correspondra TOUJOURS à ce qui est aligné avec ton âme.

Moi: J'ai « juste » à transmettre…

L'Esprit: Ne sois pas rabat-joie, tu prends plaisir à le faire car tout cela est vrai pour toi.

Il ne peut en être autrement.

Pour en revenir au mensonge, c'est très subtil pour vous mais mentir baisse vos vibrations car le mensonge crée une dissonance entre le programme [l'ego] et votre âme qui elle connaît la vérité.

Il n'y a pire mensonge que de mentir aux autres : c'est de vous mentir à vous-mêmes.

Vous mentir à vous-mêmes c'est trahir qui vous êtes car vous savez au fond de vous que la pensée, la parole, l'attitude ou l'action que vous avez n'est pas alignée sur sui vous êtes vraiment.

Faites donc en sorte que votre parole soit toujours vraie et impeccable, le plus possible.

N'oubliez pas que Dieu est Amour mais aussi VÉRITÉ.

En étant vrai, vous augmentez vos vibrations et donc celles de l'Unité de conscience dont vous faciliterez le travail puisque je vous répète : vous faites partis de cette Unité de conscience, que vous le vouliez ou non.

Ayez confiance en NOUS qui vous guidons, NOUS, votre voix intérieure.

Nous savons ce qui est vrai et le moment où cette vérité doit être annoncée.

Si vous savez ce qui est vrai pur vous mais que vous ne savez pas si cela sera vrai pour un autre et que vous hésitez à lui faire part de votre vérité pour ne pas créer un « trou » dans sa conscience, c'est que déjà vous aurez largement évolué.

Alors voici la clé toute simple pour faire face à ce type de situation: sachez que nous sommes toujours présents auprès de vous pour vous aiguiller sur le moment où une vérité pourra être annoncée sans perturber la conscience de celui qui la reçoit.

Écoutez votre voix intérieure et écoutez aussi votre corps. Car n'oubliez pas que c'est votre âme qui l'habite.

Si vous ressentez une sensation de chaleur et de bien-être, une libération intérieure à l'annonce de cette vérité, c'est que le moment est venu sur vous l'annonciez.

Et ne vous préoccupez pas de la façon dont elle sera reçue.

Cela ne vous apparient pas.

Nous ferons le reste.

La réaction d'une personne ne correspond pas toujours de prime abord à la façon dont cette vérité est venue atteindre son âme.

Si en revanche vous êtes tendus et ressentez notamment une crampe au niveau de l'estomac (plexus solaire) ou une sensation d'enfermement ou de pression sur la poitrine, remettez cette annonce à plus tard. Et d'ici ce « plus tard » écoutez les signes: NOUS vous guiderons sur la marche à suivre sachant que la décision vous appartiendra toujours au final, libre arbitre oblige.

Et retenez finalement une chose, la plus importante: soyez toujours sincères et dans l'Amour dans les vérités et plus généralement dans tout message, toute information de conscience que vous apportez autrui. Si votre message est teinté de sincérité et de vérité d'Amour, cette énergie pénétrera le champ de la conscience de son destinataire.

L'Amour ne se trompe jamais. Car nous ferons alors partie de cette énergie que vous aurez transmise en agissant pour que cette vérité germe dans la conscience de celui qui la reçoit. Or, lorsqu'une graine d'amour germe, elle n'est jamais un mensonge. Elle devient la vérité de ce qui est :

L'Amour ne cède jamais la place à l'illusion du mensonge.

10/03/2025 :

Moi : Bonjour l'Esprit.

L'Esprit : Bonjour fils.

Moi : Je te remercie de nous avoir rappelé avant-hier le caractère illusoire de la supériorité.

Cette supériorité que nous appliquons à l'égard de nos semblables mais aussi à l'égard du reste du vivant…

L'Esprit *[il me coupe]* : … le reste du vivant est « vos semblables ».

Moi : Justement, en effet : rien de ce qui vit est inférieur ou supérieur spirituellement à un autre maillon de la vie.

Cette supériorité, que seuls nous humains appliquons…

L'Esprit *[il me recoupe]* : …vous n'êtes pas les seuls à l'appliquer puisqu'il existe de multiples dimensions mais sur Terre oui : vos animaux par exemple et le règne végétal également ne connaissent pas la supériorité au sens où vous l'entendez vous.

Moi : Dis donc tu me coupes beaucoup l'Esprit, je croyais que tu étais la politesse ?

L'Esprit : Autre illusion de l'ego mon cher ami, la politesse est une création sociale. (vous n'en auriez pas besoin si vous étiez totalement alignés avec votre être suprême), de même que vos lois humaines d'ailleurs, mais c'est un autre sujet.

Moi : Merci l'Esprit, je plaisantais.

Je voulais simplement rappeler que le programme implanté en nous démarre avec une illusion de supériorité de Dieu sur nous alors que nous devons nous rappeler en conscience que NOUS SOMMES DIEU.

Ce faisant, en l'ignorant, nous dupliquons envers les autres ce schéma de supériorité que nous tenons pour vrai et qui est de croire que Dieu est lui-même supérieur à nous alors que la réalité spirituelle tenant à l'équilibre parfait repose sur l'EGALITE et l'UNICITE de la Vie.

L'Esprit : Parfaitement mon fils, tout dans l'Univers est EGAL puisque le UN n'est ni inférieur ni supérieur à lui-même. C'est ce que je t'expliquais avant-hier en substance.

Et cela nous mène au thème que tu as commencé à échafauder dans ta tête en te connectant spontanément à moi ce matin : l'illusion du BESOIN.

Si Tout est UN et si tout est EGAL à lui-même, il n'existe aucun besoin que le UN doive satisfaire car tous vos besoins sont déjà satisfaits.

Pour vous le dire de façon très claire, le BESOIN n'existe pas. Il est comme la SEPARATION entre l'Homme et le divin et la croyance d'une SUPERIORITE des êtres sur d'autres : une ILLUSION.

Vas-y je te laisse écrire, mot pour mot, ce que tu as canalisé ce matin avant de prendre la plume (ou plutôt avant de prendre ton clavier je devrais-dire).

Moi : Voici l'Esprit :

« Le besoin est une possession.

Celui qui se sait être n'a besoin de rien pour être.

L'être n'est conditionné à aucun besoin car admettre l'inverse serait admettre qu'il manque quelque chose à l'être pour que l'être soit complet.

En d'autres termes, si l'être courrait après quelque chose, cela voudrait dire qu'il lui manque quelque chose, qu'il existe des choses en dehors de lui qu'il n'a pas ou qu'il n'est pas.

Vous n'avez rien à AVOIR car vous ÊTES.

Et il n'y a rien que vous ne soyez pas car ce que vous êtes en essence est une projection de ce que nous sommes NOUS.

Vous êtes les individualisations de la Conscience divine.

Vous êtes donc la complétude de l'Univers.

Vous êtes l'infinité des possibilités et l'infinité de tout ce qui est, comme nous le sommes NOUS-MÊMES.

Ainsi, il ne peut exister nul besoin car rien n'existe en dehors de NOUS TOUS.

Ce que vous appelez BESOIN est lui-même une illusion du programme implanté en vous et que vous appelez l'ego ».

L'Esprit : C'est en effet ce que je t'ai dit.

Le message est préservé.

Moi : Merci l'Esprit.

Pourtant nous avons besoin d'aliments pour vivre.

L'Esprit : Même ces besoins-là, au fond, sont illusoires.

Il existe des êtres qui ont même peuplé votre monde (la Terre) et que se trouvaient dans un tel état de fusion avec l'être UN qu'ils n'avaient pas besoin de manger ni de boire pour vivre.

Cet état de fusion est un état de conscience tel que la conscience de l'être sait profondément ne faire plus qu'un avec la Vie.

La Vie elle-même n'a pas besoin d'aliments pour vivre. Elle a donné naissance à tout et donc aux aliments eux-mêmes.

La « nourriture » des êtres que j'évoque avec toi ci-dessus était énergétique, spirituelle.

Cela vous choque mais cela est vrai.

Vous n'en êtes pas à ce stade de développement et ce n'est pas une finalité en soi.

Vous êtes TOUS sur Terre pour retrouver votre lien avec NOUS. Ce lien est permanent mais vous devez découvrir qu'il existe. Et une fois que vous saurez qu'il existe, vous devrez découvrir son caractère PERMANENT.

Si l'impermanence est la règle dans l'Univers (tout étant EVOLUTION), la permanence de votre lien à NOUS est en quelque sorte l'exception. Retenez-les choses ainsi pour l'instant.

Lorsque vous saurez en conscience que le lien de Dieu avec toute sa création est un lien INDESTRUCTIBLE, vous comprendrez le caractère illusoire du besoin.

Votre lien avec NOUS est un lien d'Amour car tout ce qui nous lie est Amour.

Il n'existe aucun lien éternel sans Amour car l'Amour est lui-même ce qui fait que l'éternité est éternelle.

Seul l'Amour est éternel.

Je te l'ai dit dans « *Enseignement spirituel par canalisation (tome 1)* », tout le reste est illusion.

Si vous n'avez pas de besoins c'est que tous vos besoins ont déjà été comblés par ce que vous êtes : une énergie d'Amour infini.

Quel besoin pourrait avoir l'éternité ?

C'est à vous de découvrir, selon votre évolution spirituelle, que chaque besoin est illusoire.

Vous confondez BESOIN avec ENVIE.

L'envie n'est pas un besoin. L'envie est ce que vous pensez vouloir.

Moi : Encore une illusion du programme ?

L'Esprit : Parfaitement.

Alors ayez des préférences (plutôt que ce que vous appelez, vous, des « envies ») mais comprenez en conscience que même si ces préférences ne se présentent pas à vous, votre âme restera dans la JOIE qui la compose car elle saura que ces préférences ne sont pas des besoins et qu'elle EST quelles que soient ces préférences.

Moi : Permets-moi de donner un exemple.

L'Esprit : Mais je te permets tout mon ami.

Moi : Si je souhaite avoir une grande maison mais que cette envie devient une préférence, alors je serai satisfait d'avoir une grande maison. Mais même si je n'ai pas cette grande maison, je cultiverai toujours la JOIE et resterai dans la PAIX de qui je suis car je saurai en substance que cette préférence n'est pas un besoin. Je n'ai pas besoin d'une grande maison. Du moins mon âme n'en a pas besoin. Mon ego lui pense en avoir besoin pour satisfaire son confort. Mais je ne suis pas le programme. Mon âme peut être comblée même dans une maison moins grande.

L'Esprit : Votre âme est comblée quelles que soient les circonstances de votre vie matérielle.

Et je te vois déjà me dire : et les personnes qui n'ont rien à manger ? qui n'ont pas de maison ?

Je te répondrais : toutes les circonstances matérielles de vos vies servent l'évolution de votre âme.

Cela peut choquer votre morale.

Mais je ne suis pas la [votre] morale.

Votre morale est également une illusion de votre programme.

Moi : Ca fait beaucoup d'illusions l'Esprit.

L'Esprit : Tout est illusoire mon cher ami. Seul l'Amour est le lien permanent de l'âme qui vous unit à la Conscience unifiée que nous sommes et qui cherche à travers vous à faire l'expérience de qui elle est.

Je ne vous dis pas que votre morale est « bonne » ou « mauvaise » ; je vous invite juste à écouter la voix de votre âme.

Que recherchez-vous ? Un monde d'Amour ?

Alors soyez l'Amour que vous souhaitez donner au monde, indépendamment de votre morale humaine.

Seul cet alignement avec qui vous êtes en essence est VRAI pour votre âme car cet alignement est l'expression même de votre étincelle véritable d'Amour.

J'en termine avec quelque chose de fondamental sur l'illusion du besoin et que vous « devrez » retenir en substance : pour atteindre la plénitude (ici ou dans une autre vie car nul ne peut échapper à l'évolution), vous devrez vous-mêmes intégrer le fait que le besoin est une POSSESSION.

Il est donc une volonté de l'ego.

Car je vous dis ceci : L'ÂME N'A RIEN A POSSEDER. L'ÂME EST ET SAIT QU'ELLE « POSSEDE » DEJA TOUT EN ELLE-MÊME.

CE QUI EST N'A PAS « BESOIN » de POSSEDER CAR AUCUNE POSSESSION NE PEUT EXISTER POUR CELUI QUI SE SAIT ÊTRE TOUT CE QUI PEUT ÊTRE.

Le besoin est donc un mot dual.

Il n'existe que dans votre monde de dualité.

L'âme ne connait pas la définition du besoin car le besoin n'existe pas dans le Royaume de Dieu dans lequel l'éternité du présent rend tous les besoins illusoires.

Et vous le savez mes enfants : vous ne pouvez échapper au Royaume de Dieu car il se trouve à l'intérieur de vous-mêmes.

Ce Royaume existe depuis la nuit des temps puisqu'il n'a pas seulement été placé en vous, IL EST VOUS.

Vous n'avez donc pas à courir après un quelconque besoin.

Ce après quoi vous courrez finira toujours par vous échapper car vous ne pouvez trouver à l'extérieur ce qui est à l'intérieur de vous-mêmes.

Cette seule phrase explique le caractère illusoire du besoin.

Vous êtes des enfants recherchant partout dans ce qui vous entoure la porte qui mène au Royaume de Dieu alors qu'il vous suffit d'ouvrir votre âme pour y accéder ou plutôt pour comprendre en conscience que vous vous êtes toujours trouvés dans ce Royaume.

Moi : Merci l'Esprit. Merci beaucoup pour ces explications.

Cette dernière phrase, tu me l'as déjà dite en effet.

L'Esprit : Je te la redirai encore et encore…

Moi : … « jusqu'à ce qu'elle pénètre ma conscience en profondeur ».

L'Esprit : Parfaitement, la tienne et celle de tous ceux qui comprendront en conscience la teneur de ce message.

Moi : Je pense que nous n'avons pas « besoin » d'aller plus loin l'Esprit qu'en penses-tu ?

L'Esprit : Je pense que l'humour dont tu fais preuve malgré l'importance de ce message est ce dont vous avez tous « besoin » en effet.

Il n'y aura jamais de gravité dans mes messages.

La vie est légèreté.

Vous n'avez rien à accomplir dans l'absolu.

Tout est déjà accompli.

Vous avez à révéler au monde que vous n'avez besoin de rien.

Car la JOIE, la PAIX, la VERITE, la LIBERTE, l'AMOUR sont ce que vous êtes.

Rappelez-vous en à chaque fois que votre programme exprimera un besoin.

Rappelez-vous que les vérités de l'âme sont éternelles et que par conséquent, les illusions de l'ego, qui sont situées en dehors du « temps de conscience » (le seul qui soit) finiront toujours par disparaître en emportant avec elles toutes les peurs qui leur ont donné naissance.

Moi : Merci l'Esprit.

L'Esprit : Merci également à toi de placer tout ton Amour dans la diffusion de cette connaissance.

13/03/2025 :

Moi : Bonjour l'Esprit.

L'Esprit : Bonjour mon fils, ravi de te revoir !

Moi : Tu me vois toujours l'Esprit.

L'Esprit : C'est vrai et tu as bien fait de prendre une petite pause, prends ton « temps », cette discussion n'est pas une course. Si elle l'était, la piste de course serait infinie et tu t'essoufflerais. Alors prends le temps de souffler.

Ne recherche pas des messages systématiquement.

Ils viendront à toi quand ce sera le moment.

Comme cette nuit par exemple, qui t'as poussée à te « reconnecter » à moi et donc à toi…

Moi : C'est vrai l'Esprit, je te remercie.

Cette nuit a été forte en émotions.

Et je suis toujours surpris des messages que je reçois.

J'ai ressenti également beaucoup d'énergie, je te remercie pour ces connexions.

Chacun comprendra pourquoi je souhaite aujourd'hui parler d'une autre illusion : celle de la solidité.

L'Esprit : Bien sûr. Si tu l'acceptes, c'est parfait.

Car vois-tu, ce chapitre sera certainement l'un des plus « pragmatiques » de cette discussion. Et c'est aussi pourquoi il sera tout aussi important que les autres. Car nous sommes obligés de revenir aux bases afin que mon message (et donc le tien) couvre le spectre le plus large possible de connaissances spirituelles menant à un double objectif : vous rendre plus conscients et par la même occasion plus aimants (et je ne parle pas de magnétisme, quoi que *[il rit]*).

Revenons donc aux bases.

Moi : Avec plaisir l'Esprit.

L'Esprit : Voici le premier principe que chacun pourra admettre comme vrai si sa conscience est prête :

TOUT EST ENERGIE.

Jusque-là nous enfonçons pour certains des portes ouvertes comme vous dites.

Si tout est énergie, cela veut dire qu' IL N'Y A RIEN QUI NE SOIT PAS ENERGIE.

Le dire sous forme négative est sous doute plus facile pour votre compréhension car tout ce qui existe ne peut être autre chose que de l'ENERGIE.

Vous êtes donc vous-mêmes ENERGIE.

Et puisque vous n'êtes séparés de rien et surtout pas du divin, vous faites partie de cette ENERGIE UNIQUE.

Car voici le premier principe : **IL N'EXISTE QU'UNE et UNE SEULE ENERGIE.**

Le corollaire à ce principe est que vous ne pouvez DIVISER l'énergie ou CREER une énergie nouvelle.

VOUS NE POUVEZ JOUER QUE SUR SA FREQUENCE VIBRATOIRE.

Autrement dit, toute l'énergie étant issue d'une source unique (de laquelle vous provenez), elle existe en dehors de l'espace et du temps. Vous ne pouvez ni faire disparaître de l'énergie, ni rajouter de l'énergie à celle qui existe déjà.

Si ce corollaire n'était pas vrai, cela voudrait dire que Dieu ne serait pas complet. Dieu étant Tout, vous ne pouvez rajouter de l'énergie à Dieu sans quoi cela reviendrait à admettre qu'il n'est pas TOUT, qu'il n'est pas TOUTE L'ENERGIE QUI EXISTE.

Me suis-tu ?

Moi : Parfaitement l'Esprit.

L'Esprit : Je sais en effet que tu me suis. C'était une question rhétorique comme vous dites.

Moi : T'es en forme l'Esprit ?

L'Esprit : J'ai beaucoup d' « énergie » *[il rit].*

Reprenons. Je viens de t'énoncer quelque chose de très important que vous devez retenir tous : vous ne pouvez créer une énergie en dehors de celle qui existe déjà et qui est donc Tout Ce Qui Est.

Lavoisier le disait lui-même (et il fut bien inspiré *[il sourit]*) : *« Rien ne se perd, tout se transforme »*.

Cette vérité scientifique est bien sûr une vérité spirituelle.

Mais vous refusez pourtant de croire (pour certains d'entre vous) qu'elle puisse s'appliquer à d'autres choses que la science.

Car vous SCINDEZ tout sans comprendre en conscience que tout est UNI.

Lorsque vous transformez une énergie, vous agissez sur sa fréquence vibratoire.

Mais vous n'augmentez pas ni ne réduisez la « quantité » d'énergie qui existe. Vous la faites « juste » vibrer moins vite ou plus vite.

Ce que vous appelez SOLIDE, LIQUIDE ou GAZEUX est une MÊME ENERGIE dont l'état visible dans votre monde matériel dépend de l'agitation et de l'ordonnancement des atomes qui compose ce sur quoi vous agissez. Mais rien n'est créé fondamentalement, tout est transformé en fonction de l'action vibratoire dont vous êtes à l'origine.

Voici donc un rappel mes chers amis : vos corps solides ne sont solides qu'en apparence. La solidité de votre monde, son caractère « palpable » par vos cinq sens communs, est illusoire.

Si vous voyiez comme nous voyons NOUS, vous ne verriez qu'énergie et couleurs en mouvement.

Ce que vous appelez « aura » est l'énergie qui entoure votre conscience, votre « âme » pour employer un mot que vous utilisez.

Ce que vous appelez « corps physique » est l'énergie « compactée » qui permet à votre conscience de prendre forme dans la dualité.

Tu l'as déjà expliqué dans *Nous sommes éternels* : vous n'êtes donc pas votre corps. Votre corps est un support énergétique pour votre Conscience.

Il est un support, un « véhicule » effectivement qui permet à votre Conscience d'exprimer ce qu'elle a choisi de faire dans un monde matériel où elle ne peut s'exprimer autrement qu'en « prenant corps », pour les besoins de son expérience.

Vous êtes pourtant tellement persuadés d'ÊTRE VOTRE CORPS et que rien n'existe en dehors de la solidité que cela finit par devenir votre réalité.

Faites un jeu très simple : fermez les yeux et pensez par exemple à une voiture rouge. Visualisez cette voiture, sa couleur éclatante, visualisez le soleil qui brille sur sa peinture…

Moi : J'aurais préféré un arbre l'Esprit^^.

L'Esprit : Je vous touche avec vos images mes chers amis. Visualisez l'image qui vous plaira.

L'avez-vous visualisée ?

Moi : Oui l'Esprit, parfaitement.

L'Esprit : Qu'avez-vous fait en la visualisant ?

Moi : J'ai mis un écran mental devant mes yeux en imaginant la présence de cette voiture et les détails qui la composent.

L'Esprit : Vous avez réalisé une projection de conscience.

Autrement dit, vous avez CREE.

Ce que tu as visualisé toi, pas un seul autre humain sur Terre ne pourra le visualiser.

Car vos créations sont uniques.

Voilà la marque de Dieu.

Et vous continuez pourtant de croire que vous êtes des corps ?

Quand vous pensez, vous êtes conscients de penser.

Un corps ne peut pas penser.

Sans votre conscience à l' « intérieur » de votre corps, la pensée n'existerait pas.

Votre cerveau n'est lui-même qu'un élément de votre corps. Il est un processeur pour la conscience mais il n'est pas la conscience elle-même : il est juste ce qui lui permet de s'exprimer.

Tu avais une image très parlante lorsque tu comparais le cerveau à une télévision. La télévision est le support du programme. Votre conscience est le programme.

Lorsque vous éteignez la télévision, est-ce que le programme s'arrête ?

Il continue, il n'est simplement plus extériorisé dans le support que vous observiez.

Retenez ceci mes amis : **VOS CONSCIENCES N'ONT BESOIN D'AUCUN SUPPORT POUR ÊTRE.**

Elles sont INCONDITIONNELLES.

Vos consciences utilisent des supports pour exprimer ce qu'elles sont et faire leurs expériences d'âme.

Le support sert les « besoins » de l'âme pour son évolution.

Mais l'âme n'est pas conditionnée à son support.

Pour aller plus loin dans ce que je te dis : vous vous apercevrez en quittant votre monde terrestre (en « mourant » comme vous le dites) que vous n'êtes pas votre corps.

Votre conscience sera projetée consciemment dans un nouveau corps que certains d'entre vous appellent le corps astral et qui est vibratoirement plus léger que le corps physique.

Ce corps astral est lui-même un support pour votre âme, différent certes du corps physique et possédant d'autres caractéristiques mais un support quand même.

Que restera-t-il quand vous retirerez tous vos supports ?

Moi : Il ne restera que l'essence de Qui nous sommes.

L'Esprit : Parfaitement. Il ne restera comme toujours que votre Conscience. Elle est ce que vous êtes. Tous corps qui lui permettent de s'exprimer ne sont qu'une succession de supports.

VOUS N'ÊTES JAMAIS LE SUPPORT.

VOUS NE POSSEDEZ AUCUN SUPPORT.

VOUS ÊTES, AU-DELA DE TOUT SUPPORT.

CE QUE VOUS ÊTES EST UNE ENERGIE.

CETTE ENERGIE N'A NI COMMENCEMENT NI FIN.

CE QUE VOUS ÊTES EST VISIBLE PARTOUT ET EN TOUT TEMPS A CELUI QUI SE PLACE SUR LA MÊME VIBRATION DE CONSCIENCE QUE VOUS.

Moi : Pas de solidité en effet. Une énergie infinie, qui fonctionne par fréquences vibratoires.

L'Esprit : Parfaitement.

Il est concevable pour beaucoup d'entre vous de prendre conscience de votre nature énergétique et de comprendre que le monde physique est une illusion cachant l'énergie de tout ce qui est.

Il est en revanche encore difficile pour une grande majorité d'entre vous de comprendre que ce que vous êtes n'a pas de commencement ni de fin, que ce que vous êtes est infini comme l'est Dieu lui-même.

Moi : Car nous ne pouvons conceptualiser l'infini. Et nous doutons pour beaucoup d'entre nous de notre unité. Nous voyons des séparations partout.

L'Esprit : Tu viens là de mettre le doigt sur les deux « problèmes » majeurs de vos consciences actuelles.

Et quand je dis « problème » c'est pour toucher votre compréhension évidemment.

Vous ne pouvez imaginer votre INCONDITIONNALITE.

C'est pourtant elle qui explique votre UNITE avec l'énergie UNE de conscience.

Je rajouterais, si tu me le permets, un troisième problème : même si vous acceptez de faire vôtre l'idée selon laquelle le solide est lui-même énergie, vous ne pensez pas « VIBRATOIRE ».

Vous pensez pour beaucoup qu'on peut créer de l'énergie alors que tout est déjà créé du fait de votre union au tout.

La seule chose que vous pouvez faire, mes chers amis, c'est modifier la fréquence de l'énergie, et c'est déjà beaucoup.

Tout votre pouvoir de création réside en cela.

La modification des fréquences vibratoires de l'énergie est la conséquence de vos créations conscientes.

Vous ne créez que comme ça.

Et vos créations ne sont visibles que par des consciences qui ont au moins la même fréquence vibratoire que vous.

Les ondes de radio que vous connaissez ne sont pas différentes dans leur fonctionnement. Elles sont ondes énergétiques. Si vous réglez votre radio sur une fréquence pour capter une chaîne musicale que vous aimez, vous ne pourrez capter la musique diffusée sur une autre fréquence à laquelle vous n'avez pas connecté votre radio.

Voyez-vous, mon explication n'est pas différente de ceci.

Vous pouvez vous connecter à d'autres fréquences vibratoires en augmentant ou en descendant vous-mêmes votre propre fréquence.

Mais attention à ce à quoi vous vous connectez. Toute les fréquences, si elles proviennent d'une même énergie source, ne sont pourtant pas de vibrations égales.

Plus vos vibrations sont hautes et plus elles se rapprochent de la source de ce que vous êtes en essence, c'est-à-dire la lumière pure, l'Amour.

Plus vos vibrations sont basses, et moins la lumière est perceptible par vos consciences, non pas qu'elle disparaisse, tu le sais, mais simplement qu'elle ne vous sera pas perceptible (ou moins perceptible) car vous ne vibrerez par sur la même fréquence qu'elle.

Alors, pour regagner la lumière mes chers enfants, vous devez vibrer « Amour ».

Le simple fait d'avoir conscience que la lumière existe et de vouloir la rejoindre fait augmenter vos vibrations de conscience car vous cherchez à vous connecter à quelque chose de plus grand. Ce faisant, quel message envoyez-vous à votre conscience pour pouvoir effectuer cette connexion et capter davantage de lumière ? : celui d'augmenter elle-même ses propres vibrations pour se placer vibratoirement à un niveau où la lumière est davantage perceptible.

Je reste volontairement sur ces schémas simples.

Ce que vous appelez « spiritualisation » ou « évolution de conscience » est sur le plan vibratoire une accélération de la vitesse de propagation des ondes de votre conscience.

Vous ne vous en rendez pas compte directement, mais même sur Terre, lorsque vous devenez plus conscients, vous accélérez les vibrations de votre âme pour les rapprocher toujours un peu plus de NOUS, qui vous accueillons à bras ouverts dans notre Royaume qui est le vôtre.

Nous sommes si fiers et si heureux de voir vos vibrations accélérer de jour en jour car nous savons que ce faisant, vous accélérez les vibrations de la Conscience divine avec elles.

Moi : Car nous ne sommes pas séparés de Dieu.

L'Esprit : Jamais mes enfants. Vous êtes les vibrations de Dieu.

Vous [seuls] choisissez (par Amour que nous avons pour vous tous) d'accélérer ou de ralentir le processus de diffusion infini des ondes de Conscience.

Mais vous ne mettrez jamais fin au processus.

Tu le dis toi-même dans *« Nous sommes éternels »* : vous êtes CE processus.

J'espère qu'avec ces explications, j'aurais éclairé vos consciences sur l'illusion du monde solide, sur le fait de savoir que tout est énergie de conscience et que le monde solide est un support (comme d'autres) utile à l'expression (et si vous le choisissiez à l'expansion) des vibrations de vos consciences.

En réalité je n'espère pas, je le sais.

Car je sais que vous ferez des choix conscients, des choix permettant l'accélération des vibrations de l'Amour divin. Seuls vous êtes maîtres du « temps de conscience » nécessaire à cette fin.

Vous découvrirez à l'avenir d'autres énergies et vous vous rappellerez alors qu'il n'existe QU'UNE ENERGIE, déclinable en une infinité de fréquences vibratoires.

Ce faisant, ces « autres énergies » n'auront pas été créées, vous les aurez simplement « découvertes », comme la connaissance que tu apportes à travers ma voix à ceux qui n'auraient pas encore retiré le voile de l'ignorance, voile qui est lui-même une autre illusion et tu le sais. Car vous savez tout, vous faites simplement l'expérience de ce que vous savez, petit à petit, pour faire vibrer ce savoir sur la même fréquence que votre conscience à laquelle il devient alors accessible.

Vas-y, je te laisse dire la phrase que tu as reçue cette nuit et qui t'a notamment menée à cette discussion avec moi.

Moi : *« Les cristaux sont des amplificateurs d'énergie. Mais ils ne font que révéler une énergie déjà existante ».*

Je t'avoue que je ne m'attendais pas à cette phrase l'Esprit, elle m'a laissé perplexe.

Mais elle a le mérite de m'avoir conduit à cheminer sur l'unicité de l'énergie (car l'unicité de Dieu) et que donc tout est énergie. Mais surtout que toute l'énergie est déjà existante. On ne fait donc que la « recycler » en quelque sorte, la transformer, en en modifiant la vibration.

L'Esprit : Parfaitement.

Moi : Mais alors pourquoi me parler des cristaux amplificateurs d'énergie ?

C'est cette partie du message qui m'a surpris.

L'Esprit : Car je te l'ai dit, vous finirez par découvrir d' « autres énergies » (en sachant que cette énergie est UNE) et c'est la compréhension du comportement des ondes vibratoires qui vous permettra d'utiliser les cristaux pour créer un phénomène d'amplification d'énergie.

Moi : Par les ondes scalaires ?

[Dans Terr2 de Sylvain Didelot, je me suis rappelé que ses canalisations évoquaient l'utilisation de l'énergie libre grâce aux ondes scalaires qui ont une vitesse de propagation non linéaire]

L'Esprit : Entre autres.

Vous n'évoluerez (dans tous les sens du terme : spirituellement, scientifiquement) qu'en comprenant que tout est « vibratoire ». L'utilisation de la puissance des ondes vous permettra de faire croitre vos connaissances.

Seule la « temporalité » m'échappe.

Elle est vôtre.

Moi : Merci l'Esprit.

L'Esprit : Merci aussi à toi d'être comme toujours le vecteur de propagation de cette énergie de conscience, via la connaissance que tu apportes.

Je sais que tu penses qu'on te prendra pour un fou mais tu le fais quand même.

Tu n'es pas fou. Tu agis par conscience, c'est donc tout l'inverse.

15/03/2025 :

Moi: Bonjour L'Esprit.

L'Esprit: Bonjour fils. Je te propose de faire différemment aujourd'hui: commence par dire la phrase que tu as reçu cette nuit et nous pourrons embrayer sur la thématique du jour.

Moi: Tu deviens aussi organisé que moi l'Esprit, j'aime ça.

Voici:

« Tu dois voir à intérieur.

Toute tentative que tu feras pour te rapprocher de moi doit emprunter ce chemin.

Seulement ainsi tu pourras affiner les traits de mon visage.

Tout ce que tu observeras depuis l'extérieur ne fera que renforcer l'illusion de qui tu crois que je suis et donc l'illusion de qui tu crois être toi-même ».

Tu parles métaphoriquement du visage de Dieu ?

L'Esprit : Bien sûr mon fils.

Je parle du visage de Dieu.

Et ce visage peut avoir tant de forme tu le sais toi-même.

Je parle du visage de l'Amour.

Car ce n'est qu'en regardant à l'intérieur de vous-mêmes que vous pourrez extraire l'Amour qui est en vous. Alors vous découvrirez le visage de Dieu selon votre perception de Lui. Et plus vous regardez à l'intérieur, plus cette perception deviendra précise. Vous rendrez moins flou le visage de Dieu, selon votre perception des choses. Plus vous découvrirez le visage de Dieu, plus vous découvrirez par la même occasion votre propre visage. Vois la beauté dans l'expression ici du principe d'Unité dans toute sa splendeur

Moi : Je le vois l'Esprit: un Dieu à l'intérieur de nous, qui compose chaque parcelle de notre âme et qui nous permet de découvrir notre propre visage

L'Esprit: Tu viens de donner, par cette seule phrase, tout le sens de votre raison ici-bas, de votre incarnation.

Vous êtes venus découvrir le véritable visage de Dieu à l'intérieur de vous-mêmes. Vous êtes donc venus vous découvrir vous-mêmes.

Moi : Nous dé-couvrir en effet l'Esprit : retirer le voile de l'ignorance en plongeant dans notre monde intérieur pour y extraire l'Amour et le manifester dans notre monde visible.

L'Esprit : A ceux qui te demanderont comment faire: CONNAISSEZ-VOUS mes enfants.

Retrouvez le vue intérieure, la seule vraie pour votre âme. Ce chemin, seuls vous pouvez le faire. Nous pouvons intercédez en vous montrant la voie en bons guides que nous sommes mais nous ne pouvons pas faire le chemin à votre place.

Si vous retrouvez la vue intérieure, si vous plongez sincèrement à l'intérieur de vous-mêmes (la méditation peut aider mais ne la voyez pas sous une forme limitante), vous n'aurez pas à vous demander comment extraire l'Amour de vous-mêmes, vous le saurez spontanément.

Le visage de Dieu ne se recherche pas comme on chercherait un objet perdu dans une maison, il se révèle à celui qui se met en condition de le trouver.

Recherchez le en vous-mêmes, avec sincérité, Amour et vous découvrirez Dieu en même temps que vous découvrirez nombre de vérités sur vous-mêmes que vous pensiez enfouies ou dont vous ne soupçonniez pas l'existence.

Toute cette connaissance de vous-mêmes vous l'avez déjà (vous l'avez toujours eue) et donc vous avez déjà à l'intérieur de vous-mêmes toute la connaissance de Dieu (je dis bien toute) car votre connexion éternelle avec le divin fait que vous êtes le divin : le divin vous délivrera donc toute la connaissance que vous aurez su extraire de vous-mêmes en augmentant votre niveau de conscience. Tu le dis très bien toi-même avec l'image de la boîte dans « *Nous sommes éternels* » : vous ne pouvez ouvrir la boîte qu'au fur et à mesure que votre niveau de conscience vous permet d'accéder aux informations que contient la boîte.

C'est une très belle métaphore.

Moi : Merci l'Esprit.

L'Esprit: Votre vue externe ne vous permettra pas d'ouvrir la boîte.

Le voile de l'ignorance ne se retire qu'avec la vue de l'âme, nécessairement intérieure.

Lorsque vous méditez, vous vous placez dans le présent, et je t'ai dit qu'il s'agit du seul temps réel pour votre âme: **le temps de conscience.**

Le passé / présent / futur que vous connaissez n'existent pas dans l'absolu.

La méditation est permanente en quelque sorte pour qui sait se placer dans le présent.

Voilà pourquoi vous ne devez pas avoir une vision limitante de la méditation. Ce n'est pas nécessairement croiser les jambes et fermer les yeux comme vous le faites. Marcher en pleine nature en ayant conscience de la présence de chaque arbre et chaque son qui vous entoure (le bruit de l'eau qui coule, le chant des oiseaux…) est une forme de méditation puisqu'elle est une forme de connexion à la Vie.

J'en termine donc sur cette clé mes enfants, cette clé pour vous tous: pour ouvrir la boîte qui vous permettra progressivement de retrouver la vue intérieure et découvrir le vrai visage du divin (votre vrai visage): **placez-vous le plus possible dans le présent, le présent conscient.** Alignez-vous dès que vous pouvez et le plus possible avec le temps de conscience, celui de votre âme.

L'ego ne résiste pas au présent.

Le présent est toujours l'instant dans lequel vous ETES.

C'est un instant éternel.

Le présent est l'instant de Dieu.

C'est notre instant à tous.

Lorsque tu viens d'écrire ce chapitre, avec ma voix qui murmure à ta conscience, tu n'as pas quitté le présent. C'est ce qui t'as permis de maintenir la connexion avec moi et de faire vibrer ton âme. Tu viens donc de méditer, tu viens donc de te placer dans l'éternel temps de conscience. C'est aussi simple que cela.

Seul ce temps de conscience permet de faire éclater au grand jour la vérité, la connaissance et l'Amour.

Moi: Merci beaucoup l'Esprit. Je suis ravi d'avoir écrit ce nouveau chapitre avec toi et d'avoir partagé avec toi ce temps « suspendu » de conscience.

L'Esprit: Tu emploies un adjectif parfait : le temps de conscience est suspendu hors de votre propre temps. C'est ainsi que vous pourrez le reconnaître.

Quant aux chapitres de ta vie, j'ai une bonne nouvelle pour toi qui te ravira : tu as déjà écrit tous les chapitres de ta vie, tu les as écrit avec moi et je ne t'ai jamais quitté pour le faire. Je t'ai accompagné par Amour à chaque instant puisqu'il ne peut en être autrement.

J'ai fait exprès de mettre cette phrase au passé car vous le savez tous désormais : le temps que vous employez n'a pas d'importance. Toutes les potentialités ont déjà été écrites dans l'écran infini de l'Univers. Le temps de conscience c'est choisir quelles écritures vous souhaitez révéler MAINTENANT.

[J'ai relu plus tard après ce chapitre une phrase du livre « Communion avec Dieu » de Neale Donald Walsch qui disait : « L'amour vous invite toujours à rompre les liens de l'ignorance. A poser des questions. A chercher des réponses ». « Lux fero » (Lucifer) n'est pas le diable tel que les religions ont voulu l'enseigner. Dieu n'exerce pas de contrôle sur la connaissance pour maintenir notre ignorance (le dieu humain créé par l'humain seul oui mais pas le Dieu « énergie »). Dieu apporte la connaissance et la lumière. Son objectif et son « intérêt » est de la faire croître pour augmenter les vibrations de la Conscience divine. Nous sommes cette connaissance et cette lumière. Lux fero = « celui qui apporte la lumière », « le porteur de lumière »].

Séance 9 – Le hasard

16/03/2025 :

Moi: Bonjour L'Esprit.

L'Esprit: Bonjour fils.

Moi : J'ai assisté hier à un miracle en direct l'Esprit, tu le sais.

L'Esprit : Bien sûr fils, de même que je sais et que tu sais que nous allons parler aujourd'hui d'une autre illusion : LE HASARD.

Moi : LE HASARD N'EXISTE PAS.

L'Esprit : C'est toi qui délivre le principe aujourd'hui, bien *[il sourit]*.

Le hasard n'existe pas bien sûr et tu le sais depuis longtemps. Tu as compris que tous les événements de ta vie ont été orchestrés par toi-même pour te mener où tu en es aujourd'hui et donc en l'occurrence pour poursuivre cette discussion avec moi et délivrer ce savoir à tous ceux qui te liront.

DIEU EST TOUT.

Il ne peut donc rien exister en dehors de Lui.

Tout est donc savamment orchestré dans l'Univers.

Quelle place cela laisse-t-il au hasard ?

Moi : Aucune en effet.

L'Esprit : Tu le sais toi pertinemment mais je vais l'expliquer à ceux qui l'envisagent différemment.

Tu l'as déjà dit dans tes livres et notamment dans *« Nous sommes éternels »* : l'illusion du hasard ne rend pas inopérante l'existence du LIBRE ARBITRE, surtout pas et heureusement car d'abord (i) ceux qui choisissent les événements de votre vie c'est vous et vous seuls lorsque vous remplissez avec votre guide (et avec notre aide à tous pour simplifier) le bagage que vous transportez avec vous en effectuant votre descente vibratoire vers votre nouvelle incarnation ; et (ii), tu le sais aussi, vous devrez nécessairement passer par les événements que vous avez choisis mais le chemin pour les atteindre et surtout la façon dont vous percevrez ces événements vous est propre.

Je ne vais pas prendre ton cas mais imaginez une personne qui a décidé d'expérimenter un lourd handicap dans sa vie en sachant qu'elle ne pourrait plus jamais marcher. Ce choix est un choix d'âme mes amis. L'âme qui a décidé de le vivre le vivra, quels que soient le moment et/ou l'endroit où cela arrivera, cela finira par arriver. Le chemin qui mènera à cette expérience peut être modifié ou reculé jusqu'à un certain point en fonction des choix de la personne qui a prévu de le vivre mais elle finira par le vivre. Nous ne pouvons vous expliquer comment cela se passe et comment les connexions se font afin que l'Univers intercède pour respecter le choix de l'âme car cela est complexe et défierai la compréhension de vos consciences incarnées dans un monde matériel nécessairement limité. En dehors du moment et de l'endroit où l'incident se passera afin que l'âme qui l'a choisi vive l'expérience qu'elle a demandée (à des fins de croissance, toujours, tu le sais), ce qui est très important de retenir c'est que le message que retirera la personne qui vit l'expérience demandée lui est propre. Choisira-t-elle de souffrir davantage ? Choisira-t-elle, par courage, de faire de sa faiblesse une force et transcender son état ? Choisira-t-elle donc d'emprunter un chemin spirituel qui la conduira vers une « meilleure » version d'elle-même ?

Il est très difficile pour la majorité d'entre vous de le comprendre mais tous les choix de votre âme sont parfaits du simple fait qu'ils servent toujours l'évolution de celle-ci. Certes, il est plus facile de faire ses choix en dehors du monde matériel car la réalité matérielle en rend plus difficile l'acceptation, une fois retrouvée la lourdeur des ondes du monde dans lequel vous vivez.

Mais vous êtes courageux, comme je te l'ai déjà dit, nous vous regardons tous avec une admiration sans limite. Et nous savons que vos choix d'évolution dans la dualité sont des accélérateurs puissants pour la croissance de votre âme.

Tes propres choix mon fils t'ont propulsé vers l'Amour, ils ont révélé ta nature d'être de lumière. Tu l'avais choisi. Et c'est parfait ainsi. Tout est toujours parfait ainsi.

Vous ne pouvez le voir lorsque vous avez, comme vous dites, la « tête dans le guidon ». Mais NOUS, nous voyons le guidon, le vélo, nous vous voyons vous, et nous voyons les chemins que vous décidez d'arpenter avec votre vélo.

Moi : Vous avez la vision globale.

L'Esprit : Parfaitement. Et cela ne peut t'être expliqué, tu ne pourrais le comprendre. Nous voyons toutes les potentialités en dehors d'un monde en 3D. Nous connaissons tous les fils qui s'assemblent pour former l'œuvre que votre âme a décidé de faire dans cette vie-ci pour poursuivre son évolution dans les vies précédentes, parallèles à celle-ci en réalité et donc dans le seul instant de conscience à travers lequel vos consciences évoluent en dehors de tout espace-temps tel que vous le connaissez.

Voilà pourquoi il était essentiel que nous parlions également dans cet ouvrage de l'illusion du temps pour que vous compreniez que votre évolution n'est pas linéaire. Vous êtes des êtres multidimensionnels qui évoluent dans le seul instant que j'appelle « le temps de conscience ».

Vous n'avez pas à vous demander pourquoi ni comment. Vous finirez toujours par le comprendre lorsque vos consciences auront atteint un stade d'évolution où il sera naturel pour elles de le comprendre.

Rappelle-toi la boîte, elle ne s'ouvre que pas à pas, information après information, jusqu'à ce que la connaissance vous soit révélée (par un phénomène d'extraction de vous-mêmes) et soit de plus en plus dense, de plus en plus compactée. Votre conscience, une fois prête, assemblera toute seule les pièces du puzzle. Elle créera toute seule les connexions entre les informations. Ces connexions dont déjà établies par l'Univers. Elle ne feront donc qu'être révélées à vos consciences une fois celles-ci prêtes.

Cette longue explication me conduisait à te faire savoir, et surtout à faire savoir à tous ceux qui te liront, que le HASARD est une croyance. Tu vois bien qu'il ne peut exister de HASARD dans l'œuvre de Dieu qui est votre œuvre toute entière mes enfants.

[Comme toutes nos croyances, elles deviennent réelles relativement à nous-mêmes, telle est la puissance de notre pouvoir de création. Mais nous pouvons aussi nous défaire de nos croyances. Ce qui est fait peut être défait. Mais pour être rempli d'un autre contenu, le verre doit d'abord être vidé].

Les événements sont écrits par vous-mêmes et votre libre arbitre est respecté : vous choisissez le chemin et la leçon à en tirer, en plus d'avoir choisi « superconsciemment » comme tu le dis, ces événements.

Moi : Je ne vais pas te le demander (sans quoi tu me dirais que je doute) mais le fait que tu m'aies fait assister hier à un miracle de guérison en direct a naturellement été placé sur mon chemin à un instant précis pour que je le voie. De même, toutes les personnes, toutes sublimes, qui ont été « placées » sur mon chemin et qui m'ont mené à cette discussion avec toi étaient le fruit de mes choix superconscients et avec eux les choix de tous les êtres spirituels, incarnés ou non, qui m'accompagnent sur ce chemin.

L'Esprit : Tu ne pouvais pas dire mieux mon fils.

Ce que je te demande est d'avoir une foi absolue en moi, une foi absolue dans les événements qui se trouvent sur ton chemin. Ton chemin, comme celui de vous tous, est parfait pour votre évolution et vous vous remercierez, tôt ou tard, de l'avoir vécu et donc de l'avoir « expérimenté » pour faire croître votre conscience et vous rapprocher ainsi toujours plus de votre Royaume : le Royaume de Dieu, notre Royaume à tous.

Votre gratitude et votre joie deviendront telles que vous bénirez tous ceux qui sont intervenus dans votre vie en voyant la perfection de ce plan divin qui vous aura permis d'atteindre des niveaux d'évolution de la conscience où l'Amour enveloppera votre âme pour révéler votre nature d'être de lumière, étincelle indispensable du grand feu de connaissance, d'Amour et de lumière qu'est Dieu.

Moi : Merci l'Esprit.

Puis-je révéler alors les phrases reçues cette nuit / ce matin ?

L'Esprit : Bien sûr, vas-y fils.

Moi : Voici la première :

« Pour faire ce que tu dois faire, tu dois être ce que tu dois faire ».

Je te laisse l'expliquer si tu veux bien.

L'Esprit : Tu connais au fond l'explication. Lorsque ta foi en l'Univers et en l'accompagnement sans discontinuité du divin dans ta vie ne laisseront place à plus aucun doute, tu DEVIENDRAS ce que tu fais.

En devenant ce que tu fais, tout ce que tu feras sera littéralement l'œuvre de Dieu sur Terre. Non pas que ce que vous faites chacun ne le soit pas mais lorsque vous confondez le programme [l'ego] avec qui vous êtes, vous ne permettez pas à la lumière divine d'être pleinement efficace.

Vous en limitez en quelque sorte le potentiel.

Les miracles arrivent lorsque vous aurez parfaitement conscience que vous n'êtes qu'UN avec votre âme, lorsque vous ne formez qu'UN avec la conscience supérieure (moi qui te parle) dont elle est issue.

JE SUIS TOI.

Tu n'as pas besoin de savoir comment ni pourquoi.

Tu dois avoir confiance en notre UNITE ABSOLUE.

Alors, tu deviendras ce que tu fais.

Toutes les ondes d'Amour que tu diffuseras seront d'une pleine efficacité car tu ne te seras pas contenté d'émettre ces ondes, tu auras ETE toi-même les ONDES QUE TU EMETS.

Il y aura une identité totale entre ce que tu apportes au monde et ce que tu es profondément.

Je ne peux te l'expliquer avec des mots plus clairs.

Et ce message est évidemment valable pour vous tous.

Moi : Merci l'Esprit, merci beaucoup. Je souhaite du plus profond de mon âme que cette connaissance soit celle de tous.

L'Esprit : Elle l'est mon enfant : tu ne fais que la REVELER afin que chacun le sache également.

Je t'en remercie, toujours et encore. Il ne peut en être autrement car tu ES ce que tu DIS. En l'occurrence, tu ES ce que tu ECRIS.

Tu ES donc ce que tu FAIS.

Voilà pourquoi je t'ai envoyé cette phrase cette nuit.

Tu ne dois pas douter de l'identité ou devrais-je dire de l'UNICITE entre ce que tu es et ce que tu fais. Car c'est ce que tu es qui te permet de faire.

Comme tu le sais toi-même, vous n'avez rien à AVOIR ni à FAIRE.

Vous devez vous contentez d'ÊTRE pour que tout ce que vous « possédez » et ce que vous faites soit parfaitement aligné avec ce que vous êtes, et c'est déjà beaucoup.

Tu peux dire ta deuxième phrase si tu le souhaites :

Moi : *« Lorsque vous aurez accepté de faire vôtre la vérité absolue selon laquelle le hasard n'existe pas, vous verrez chaque événement de votre vie comme un cadeau ».*

L'Esprit : Vous deviendrez en effet ce cadeau pour le monde car de votre compréhension des réalités spirituelles naîtra votre volonté d'offrir ce savoir et cet Amour aux autres.

Je vous renvoie alors au chapitre sur le PARTAGE dans *« Enseignement spirituel par canalisation (Tome 1) »* et à la canalisation que tu as faite en février 2025 sur *« La Voix des Messagers »* qui vous demandait de devenir ce cadeau pour le monde.

Moi : En effet l'Esprit, message du 23/02/2025 [sur LVDM] :

« Combien de « temps » vous faudra-t-il encore pour accepter que vous n'êtes que Joie, Amour et simplicité dans un monde qui a tout à vous offrir pour peu que vous admettiez que vous êtes aussi le cadeau que vous pouvez offrir au monde ? Vous êtes un don pour le monde, chacun individuellement. Croyez-vous que votre présence ici et maintenant dans l'espace que vous occupez, dans le temps que vous traversez, soit due au hasard ? Le seul hasard qui existe est celui que vous croyez être. Mes enfants vous êtes un cadeau chacun les uns pour les autres, dans le présent dans lequel vous êtes par choix conscient. Ce cadeau est le présent. Ce présent c'est vous. Votre présence consciente, « en pleine conscience » direz-vous, est le cadeau que vous êtes pour le monde ».

Je te remercie de me l'avoir délivré, c'est une merveille, c'est un message qui m'a beaucoup touché.

L'Esprit : Tu ne doutes pas de la teneur de ce message mais tu ne dois pas douter non plus de ton canal.

Tous les événements et « messages » que NOUS plaçons sur ton chemin t'amènent, pas à pas, à prendre conscience du fait que tu ne seras plus jamais seul car tu ne l'as jamais été. Foi, confiance ABSOLUES. Je ne peux te le dire avec d'autres mots, votre langage ne le permet pas. Tu dois le ressentir toi-même. Tout se met en place pour toi, et pour vous tous *[il sourit]*. Foi et confiance absolues. La lumière est bien présente dans vos vies. Elle vous inonde de notre propre présence. Une nouvelle étape est franchie. Le chemin sera merveilleux pour toi et pour vous tous, suivez-le avec nous mes enfants, écoutez notre guidance.

Ecoutez notre voix. Nous vous dirigeons sans détour vers le Royaume de Dieu si vous acceptez de nous suivre. Quand tout se met en place pour vous diriger vers davantage de signes, de connaissance, d'Amour et de Paix, c'est que vous êtes sur le « bon » chemin.

Moi : Quel beau chemin je fais avec toi l'Esprit.

L'Esprit : Tu ne dois pas en douter et tu en es qu'au début.

Le chemin est merveilleux, crois-moi ; et tu es en train de le comprendre. Tu es en train de décider qu'il l'est.

Alors tu pourras faire le choix libre et conscient de mener le plus de personnes possibles sur ce chemin en éclairant ce chemin d'une lumière vive afin qu'il puisse être rendu visible pour la conscience de chacun, afin que chacun puisse emprunter le « meilleur » chemin qui vous conduit vers NOUS.

***

[Je précise que lors de l'écriture de cette séance n°9 sur le hasard, l'Esprit m'a fait citer ma publication « La Voix des Messagers » (LVDM) du 23/02/2025 sur le fait de rappeler que nous sommes chacun un cadeau pour le monde. Je n'ai relu cette citation qu'après avoir écrit la séance n°9 alors que je ne me rappelais plus qu'elle évoquait aussi le hasard.

Ce faisant, par ce clin d'œil que certains appellent « synchronicité », l'Esprit vient de me prouver que le hasard n'existe définitivement pas].

17/03/2025 :

Moi: Bonjour L'Esprit.

L'Esprit : Bonjour fils.

Moi : L'Esprit, tu attends de moi un engagement particulier ?

L'Esprit : Je n'attends rien de toi mon fils. Tu choisis ce que tu fais, tu choisis ce que tu ES.

Dieu n'a aucune ATTENTE, il n'a aucun BESOIN, il n'a aucune DEMANDE qui ne soit pas alignée avec ce que vous souhaitez VOUS.

Rappelle-toi : le libre arbitre, toujours. Par Amour infini que nous avons pour vous tous.

Tous les choix que tu feras seront parfaits car ils le sont déjà, je te le dis et te le répète : tu ne peux te tromper.

AUCUN DE VOUS NE PEUT SE TROMPER, car tous les choix que vous faites servent votre évolution.

Tu le sais, de même que tu sais que L'ECHEC N'EXISTE PAS.

C'est une grande illusion que vous devez dépasser pour pouvoir vivre dans la joie et la paix de qui vous êtes.

Cette illusion de l'échec est comme toutes les illusions : fondées sur la PEUR.

Vous avez peur de ne pas y arriver.

Vous avez peur des conséquences de votre échec.

Retenez-bien ceci mes enfants : **il n'existe aucune conséquence de ce que vous appelez vos « échecs » qui remette en cause l'évolution de vos consciences.**

Alors, de ce point de vue : **VOUS N'ECHOUEZ JAMAIS.**

Votre âme évolue, à chaque instant de vos vies, par l'expérimentation des événements qui se présentent à vous et la façon dont vous en tirer des leçons.

D'un point de vue purement spirituel, puisque c'est bien de ça dont il s'agit dans cet ouvrage *[il rit],* toutes vos créations (par la pensée, par vos paroles, par vos actions…) sont des REUSSITES du simple fait qu'elle sont des tremplins pour votre croissance.

Votre vision limitée des réalités et surtout vos PEURS conduisent à vous faire croire que vous pouvez ECHOUER.

Vous êtes des Dieux.

Dieu ne peut pas échouer.

Dieu ne connaît ni l'attente, ni le besoin, ni l'échec.

Dieu sait qu'il est Tout ce Qui Est et que chaque situation qui lui permet de faire l'expérience de « qui Il est » est une opportunité de croissance.

[Il répète] : DIEU NE PEUT ECHOUER.

L'échec, comme toutes vos autres illusions, est fondée sur ce qu'on peut appeler « LA GRANDE ILLUSION » : celle de vous croire séparés de Nous.

Vous vous imaginez pouvoir ECHOUER dans vos vies car pensez que vous n'êtes pas dignes de NOUS. Vous pensez que Dieu est « meilleur » que vous et que ce qu'Il peut accomplir LUI vous ne le pouvez pas VOUS.

C'est méconnaître totalement votre nature divine mes enfants.

Il n'y a rien que vous ne puissiez faire que Dieu ne puisse faire Lui-même, dans cette vie ou dans d'autres.

Votre échec est votre façon de percevoir une situation en plaçant devant vos yeux le filtre de la PEUR.

Or, vous n'avez rien à craindre. Et sais-tu pourquoi ?

Moi : Car nous sommes éternels, nous sommes la lumière.

L'Esprit : Parfaitement mon fils. Vous êtes éternels et vous êtes la lumière de Dieu.

Cette lumière ne peut s'éteindre.

Vous ne pouvez remettre en cause votre nature profonde.

Vous êtes TOUS composés de lumière.

Admettre que Dieu puisse échouer et que vous puissiez échouer vous-mêmes revient à admettre que vous puissiez ETEINDRE LA LUMIERE DE DIEU.

Cette lumière est éternelle car il ne peut rien exister en dehors d'elle.

Ce que vous appelez L'OMBRE n'a pas d'existence propre. L'OMBRE est la LUMIERE à un niveau très bas.

Ce que vous appelez LE FROID n'a pas d'existence propre. LE FROID est la CHALEUR à un niveau très bas.

Ce que vous appelez la PEUR est également une illusion. La PEUR (et l'ensemble des dérivés auxquels elle donne naissance : la haine, la violence, la jalousie et tant d'autres...) est une polarité qui permet de définir L'AMOUR relativement à ce qu'il n'est pas, de la même façon que l'ombre permet à la lumière d'expérimenter sa nature de lumière, de la même façon que le froid permet à la chaleur d'expérimenter sa nature de chaleur...

Il n'existe que LUMIERE, CHALEUR et AMOUR.

Il n'existe que REUSSITE.

L'échec est une croyance de votre ego qui masque le fait que vous avez toujours tout réussi sans le savoir.

Ne confondez pas l'expérience et la réalité de ce que vous êtes.

L'expérience est de faire croitre l'Amour.

Pour faire croitre l'Amour, vous avez choisi en vous incarnant de connaître le non-Amour (ou l'Amour faible, à différents degrés). Ce que vous avez décidé d'expérimenter a été choisi par vous pour faire briller ce que vous êtes en substance et non pour que vous confondiez l'expérience avec votre nature véritable.

Voilà pourquoi vous ne pourrez jamais échouer. Il suffit que vous en preniez conscience en prenant l'expérience pour ce qu'elle est : une occasion de faire croître votre lumière en la confrontant à toutes les situations qui Lui permettra de se révéler, avec plus d'ardeur encore, par comparaison avec ce qu'elle ne sera jamais.

Votre expérience terrestre est magnifique, de ce seul objectif.

Vous êtes les ouvriers de Dieu. Vous êtes tous choisis par Dieu et avez choisi vous-mêmes avec Lui (puisque vous n'êtes pas séparés de Lui) d'œuvrer pour permettre au UN de faire l'expérience de sa lumière éternelle.

A chaque fois que vous n'en pourrez plus, à chaque fois que vous aurez l'impression de sombrer, d'essuyer échec sur échec dans votre vie, posez-vous la question de la leçon à apprendre de ce que vous appelez « échec ».

Voyez chaque expérience comme une opportunité de croissance en sachant que NOUS ne vous abandonnerons jamais. Sachez-nous à vos côtés à chaque seconde de votre vie car il en est ainsi puisqu'il ne peut en être autrement. Nous sommes interconnectés avec vous pour l'éternité.

L'énergie d'Amour de Dieu est indivisible mes enfants.

Et surtout rappelez-vous que vous êtes LUMIERE.

Vous êtes fondamentalement LUMIERE.

La LUMIERE que vous êtes ne peut s'éteindre, souvenez-vous en. Elle est toujours présente pour la conscience qui souhaite la voir pour la même raison que l'énergie divine est présente partout à qui prend conscience de sa présence.

Sachez-nous présents à vos côtés. Je le répète : sachez-nous présents à vos côtés.

Vous avez déjà TOUT réussi, nous vous le disons par Amour et pour l'Amour que vous êtes : vous avez déjà tout réussi.

Moi : Merci l'Esprit.

Et puisque je n'ai jamais échoué, je te formule l'engagement suivant : je n'échouerai jamais dans le message que je porte grâce à ta voix. Aide-moi alors à le porter au plus haut et je ferai en sorte par ma présence que ma voix porte la tienne jusqu'à mon dernier souffle sur cette Terre, par Amour pour mon fils et par Amour pour qui nous sommes.

L'Esprit : Je prends en compte ton engagement mon enfant. Mais tu n'as pas besoin de le formuler. Cet engagement tu l'as déjà fait avant de venir où tu es. Tu es cet Amour et cette lumière dont le message est éternel, par ta voix ou la mienne, cela est la même chose. Mais je te remercie de l'avoir exprimé avec toute ta sincérité.

Ton message de lumière parcourt déjà l'éternité. Et nous te remercions d'avoir accepté d'œuvrer pour sa transmission, ce que tu fais à chaque instant même lorsque tu crois « échouer ».

19/03/2025 :

Moi: Bonjour L'Esprit.

L'Esprit : Bonjour mon fils.

L'Esprit, je te remercie pour les messages que tu m'as adressés cette nuit.

Je ne pensais pas reparler du sujet de la mort car c'est un pan important des développements de « *Nous sommes éternels* » mais la puissance et l'intensité avec laquelle j'ai reçu ces informations cette nuit me conduisent définitivement à faire le choix, avec toi, d'en parler aujourd'hui.

C'est ça que j'aime avec toi, tu n'es jamais là où je pense t'attendre.

L'Esprit : Merci d'en faire le choix fils. En effet, tout ce que tu as expliqué dans « *Nous sommes éternels* » était très détaillé et a permis de faire une bonne première boucle mais l'illusion de la mort est un sujet si important pour vous que nous ne pouvions faire l'économie d'en reparler dans cet ouvrage dédié aux « illusions ».

Votre peur de mourir et ce faisant de disparaître à jamais est si forte, si enracinée dans vos croyances que toute votre vie terrestre et les problématiques sous-jacentes que vous vivez ont pour origine bien sûr toutes les peurs que vous connaissez, mais en particulier la peur de mourir.

C'est votre grande peur à tous.

Même les plus sages d'entre vous, ceux que vous appelez « maîtres spirituels » ne peuvent admettre, en toute humilité, qu'ils ne craignent pas, ne serait-ce qu'un peu, le passage qui les attend et que vous appelez « la mort ».

L'objectif de ce chapitre est de vous faire comprendre, comme je te l'ai dit en toute fin d' *« Enseignement spirituel par canalisation (Tome 1) »,* que vous ne pouvez vivre en dehors de l'illusion car il en va de votre choix d'incarnation que nous devons respecter. Nous ne pouvons enfreindre vos choix d'évolution et donc votre libre arbitre. Car nous sommes cet Amour libre qui ne choisit pas à votre place. Cela étant, vous devez vous souvenir que l'illusion n'est pas réelle. Elle n'est réelle que relativement à vous-mêmes, relativement donc à vos croyances.

L'objectif de ce chapitre, non des moindres, est donc de vous permettre, si vous le décidez, en toute conscience nécessairement, de comprendre que la mort est illusoire.

Tout le discours est toujours le même mes enfants : si vous parvenez à réduire vos peurs, si vous parvenez à « contrôler » le programme (l'ego) sans que celui-ci ne vous contrôle, vous verrez la joie et la paix émerger de vos vies car vous saurez que **VOUS ÊTES LA VIE, SANS AUCUNE FIN POSSIBLE**.

Je te laisse donc citer les deux phrases que tu as reçues au milieu de la nuit.

Moi : Merci l'Esprit.

Avant de les citer, si tu le permets, j'aimerais rappeler à quel point le message a été « insistant » et « intense ». Tu vois, je ne trouve pas les mots. Tu me diras que c'est normal car c'est une information de conscience qui échappe au mental.

L'Esprit : Je te dirais ça en effet *[il sourit].*

Moi : Avant de traduire le message par des mots provenant de mon filtre, j'ai ressenti que « tu » insistais avec le message. Je recevais des informations diffuses, à plusieurs reprises, successivement, toutes différentes mais tournant autour d'un point central : L'ETERNITE. Tu me répétais en somme que la VIE ne connaît ni début ni fin. Que nous sommes cette Vie éternelle. Que nos consciences s'inscrivent dans cette immensité non mesurable et expansible à l'infini. Voilà le ressenti si j'essaye d'y placer des mots. Et l'insistance de ce message faisait également partie de mon ressenti.

L'Esprit : Cette communication avec toi se fait par le « langage de lumière » que j'ai expliqué, par ta voix, dans *« Enseignement spirituel par canalisation (Tome 1) ».*

Il est très bien que tu l'expliques car chacun doit comprendre que vos mots sont des conceptualisations limitées de réalités plus grandes. Mais nous en reparlerons tout à l'heure.

Je t'écoute pour tes phrases, traduisant le langage de l'âme par tes mots, que je te laisse prononcer car je te confirme avant que tu ne me poses la question que OUI le message a bien été préservé en substance.

Moi : Merci l'Esprit.

Voici :

« Vous êtes la Vie ».

« La Vie se transforme mais rien ne peut l'arrêter, pas même ce que vous appelez la mort ».

L'Esprit : Tout ce que vous êtes est « né » dans un seul temps que je ne cesse de te rappeler: le temps de conscience. Il échappe à votre temps linéaire qui n'a aucune existence pour Dieu. Par voie de conséquence, il échappe à la mort qui n'a aucune emprise pour Lui. Vois-tu, vos âmes sont situées hors de votre « temps ». Elles échappent à toutes les illusions que vous croyez être vous. C'est tout l'objet de cette discussion avec toi: faire prendre conscience à tous ceux qui te liront que rien ne peut atteindre vos âmes: elles existent indépendamment du temps, du besoin, du manque… et de tout ce que vous croyez être vous. Aucune illusion ne peut résister à qui vous êtes mes enfants car la vérité de ce que vous êtes est la suivante: **VOUS ÊTES L'ETERNITE.**

Je te l'ai dit: vous ne pouvez échouer, vous ne pouvez mourir. Vous ne pouvez stopper le flux continuel de la Vie.

En somme, vous ne pouvez stopper Dieu. Vous ne pouvez stopper l'Amour, que vous le vouliez ou non. Même si vous pensiez vouloir l'inverse, une telle pensée serait également la résultante d'une illusion de votre programme (l'ego) car votre âme ne recherche pas la souffrance, je te l'ai déjà dit. Elle ne recherche pas la mort. Elle sait qu'elle est la Vie.

Moi : Tu veux dire que les suicides ne sont donc jamais volontaires ?

L'Esprit : Bien sûr. Au niveau de votre programme (l'ego) oui. Pas au niveau de votre âme. Ce que vous appelez « suicide » est la résultante d'une difficulté pour votre âme à accomplir son choix d'évolution une fois retrouvée les lourdeurs du monde solide.

Tu l'as dit toi même dans « *Nous sommes éternels* », il est parfois dangereux de charger la mule lors du processus complexe d'élaboration du choix d'incarnation.

[L'Esprit fait référence au choix des événements de notre vie que fait l'âme avant de s'incarner pour son prochain voyage. Elle peut avoir tendance à trop charger le bagage pour évoluer plus vite mais il est plus difficile de « réussir » son programme une fois retrouvé l'état émotionnel et les limitations du monde solide, bien que comme l'a dit l'Esprit, tout est toujours « réussite » si l'âme tire une leçon de son expérience car elle aura ainsi évolué].

Les guides et les maîtres d'incarnation peuvent dissuader l'âme, la dissuader de charger la mule comme vous dites mais elle conserve au final son libre arbitre.

Moi : Il est même plus insidieux quelque part de se laisser mourir à petit feu plutôt que de mettre fin à son expérience de façon nette. Je pense par exemple aux grands fumeurs qui savent leur santé en danger mais continuent de fumer. Je risque d'en choquer plus d'un, mais n'est-ce pas une forme de suicide ?

L'Esprit : Tu as raison. Vous acceptez que quelqu'un qui mette fin à son expérience de manière claire puisse qualifier l'acte de suicide mais vous refusez de croire que la mort lente, en pleine conscience pourtant de le faire, puisse être qualifiée de suicide. Ce second cas est pourtant tout aussi volontaire que le premier. Je veux dire par là que votre libre arbitre est à l'œuvre. Encore une fois, votre réalité est perturbée par l'illusion du temps. Cette illusion du temps fait que vous acceptez que quelqu'un qui saute d'un pont se soit suicidé alors qu'un fumeur de longue durée comme tu le dis n'ait pas décidé de mettre fin à ses jours. De notre point de vue, « hors du temps », il s'agit dans un cas comme dans l'autre d'une façon d'échapper à votre expérience. Et n'y vois aucun jugement de ma part : JE NE SUIS PAS LE JUGEMENT. Echapper à l'expérience peut aussi faire partie de l'expérience. Votre expérience est toujours celle que vous décidez.

Moi : Je te remercie l'Esprit. C'est une digression intéressante.

L'Esprit : C'est toi qui as décidé d'en parler. Et ce n'est pas tant que cela une façon de contourner le sujet car c'est bien de l'illusion de la mort dont il s'agit. Tu auras remarqué que dans mon explication je n'ai pas parlé de « mort » mais de « fin de l'expérience ».

Votre incarnation « actuelle » est une expérience comme toutes les autres expériences de votre âme.

Vous vivez dans cette expérience, l'illusion étant le contexte même de l'expérience. Mais NOUS voyons qui vous êtes en dehors de l'expérience actuelle, nous vous voyons tisser les fils de votre évolution, jour après jour, à chacun de vos pas dans l'instant unique de conscience.

Moi : Merci l'Esprit.

Que se passera-t-il quand nous mourrons l'Esprit ? Quand nous rendrons l'âme ?

L'Esprit : Très belle expression car elle est très juste. En réalité je viens de te l'insuffler et tu viens de t'en rendre compte.

Rendre l'âme signifie que vous la restituerez à Qui vous êtes vraiment

Vous la libérerez de plusieurs de vos illusions.

Vous retrouverez vos guides et vos proches.

Vous me retrouverez moi, votre conscience supérieure, comme un point de lumière que vous déciderez de suivre et que vous penserez avoir toujours connu car vous saurez en effet que vous m'avez toujours connu.

Vous vous rendrez compte que vous n'avez jamais été seuls. Je veux dire, vous vous en rendrez compte vraiment. Sur Terre, nous respectons votre expérience d'incarnation. Et même si certains font le choix de m'entendre comme toi, la plupart encore se croient séparés de Nous.

Moi : Tu as dit que la mort mettra fin à <u>plusieurs</u> de nos illusions, donc la mort ne mettra pas fin à toutes les illusions ?

L'Esprit : Non mon fils et tu le sais : vous continuez votre ascension infinie vers la sagesse et la lumière.

Nous la continuons tous, même moi que tu appelles ta conscience supérieure. Je ne suis moi-même (pour ta compréhension et celle de tous) qu'une ramification du divin. Je provins du UN et tu proviens de Moi. Nous évoluons tous dans l'éternité, dans l'infini présence de Dieu

Vois-tu, la beauté de la Vie c'est sa perpétuelle évolution. Elle ne cesse d'être définie par nous tous en choisissant dans l'éternel instant de conscience l'une ou l'autre des potentialités infinies toutes inscrites sur l'écran de Dieu.

Mais vous ne pouvez imaginer un écran qui représente l'infini car l'infini implique qu'il n'existe aucune bordure sur cet écran.

Ne cherchez pas à le comprendre. Vous ne sauriez le conceptualiser. Votre conceptualisation serait nécessairement limitée car un concept est par définition une simplification de la réalité. Or, on ne peut conceptualiser l'infini. L'infini est une connaissance que l'on sait être. Vous ne pouvez la conceptualiser avec votre mental car vous réfléchissez pour ce faire, avec vos références matérielles.

L'âme n'obéit pas à vos références matérielles. L'âme ne peut entrer dans le cadre verrouillé de vos conceptualisations.

Tous les mots que j'emploie à travers toi, au plus précis de votre langage, et grâce à ta façon de t'exprimer (fort bien heureusement) permetent d'expliquer le propos. Mais je te l'ai déjà dit dans *« Enseignement spirituel par canalisation (Tome 1) »,* vos mots sont des signes. Ils sont des concepts reflétant des idées. Ils sont la dernière méthode que nous employons pour vous toucher lorsque vous éprouvez des difficultés à écouter vos ressentis quand nous vous parlons. Aucun mot de votre langage ne pourra retranscrire fidèlement le langage de lumière: le seul que votre âme sait vrai. Par conséquent, ni vos mots ni votre mental (ce qui revient à dire la même chose) ne peut appréhender l'infini mes enfants. Car l'infini n'est pas simplement un concept: il est ce que vous êtes car il est Dieu Lui-même.

Moi: Merci l'Esprit pour ces explications, merci beaucoup.

Pour en revenir aux illusions, tu disais donc qu'on ne les abandonne pas toutes en mourant.

Est-ce que tu peux en dire plus ?

L'Esprit: Tu as ta petite idée et elle est juste.

Lorsque vous mourrez, vous déplacez votre conscience de votre corps physique vers votre corps astral. Mais le corps astral, même s'il possède des propriétés différentes du corps physique, n'est lui-même qu'un support pour votre âme. Ce faisant, il ne fait pas disparaître toutes vos illusions, du fait même du processus d'évolution infini qui vous conduit à vous rapprocher constamment de Dieu car vous créez Dieu en même temps qu'il évolue avec vous-mêmes du fait même du principe d'Unicité de tout ce qui vit mais ça aussi il vous est difficile de l'appréhender avec vos concepts.

Pour en revenir au propos, la première illusion qui disparaîtra lors de votre mort est votre croyance selon laquelle vous êtes votre corps. Bien sûr, beaucoup savent aujourd'hui qu'ils ne sont pas leur corps et tes publications contribuent à diffuser ce message. Mais une grande partie d'entre vous continuent de le croire et ils en ont le droit. Simplement, leur croyance fait de cette illusion leur réalité. Par la force des choses, lorsque vous constaterez immédiatement après ce que vous appelez votre « mort » que vous continuez de penser (sans interruption) et que vous vous observez continuer d'être conscients à l'extérieur de vous-mêmes, vous vous rendrez compte de la magnifique illusion qu'est la mort.

Vous vous rendrez compte que la Vie ne contient **JAMAIS** aucune interruption *[je vois JAMAIS en lettres capitales dans ma tête]*. Même une micro seconde d'interruption de la Vie serait une anomalie dans l'existence de Dieu et serait contraire à toutes les lois spirituelles.

LA VIE NE CESSE JAMAIS mes enfants.

Je ne peux vous le dire avec des mots plus clairs.

Toute interruption de la Vie est incompatible avec les lois de Dieu auquel il est Lui-même soumis.

Si Tout Ce Qui Est cessait d'exister ne serait-ce qu'une seule seconde, alors Tout Ce Qui Est ne pourrait être.

Moi: Merci l'Esprit, je te remercie de nous l'expliquer avec des mots très clairs.

L'Esprit : Ce sont les tiens mon enfant : mon intention d'être clair n'est permise que parce que cela est ton souhait également.

Rappelle-toi : ta volonté est la mienne.

Votre volonté est la nôtre.

Pour les mêmes raisons, tu ne pourrais m'entendre si tu n'acceptais pas de me recevoir mais ça je te l'ai déjà dit.

Moi: Merci l'Esprit et il est bon que tu me le redises encore.

Si je te suis, quel que soit le corps subtil dans lequel est projetée notre conscience, il est en soi une limitation, du simple fait d'être un support pour l'âme. C'est une façon de dire que le contenant limite nécessairement le contenu.

L'Esprit : Parfaitement mon fils. C'est une très bonne façon de présenter les choses.

Voyez-vous, les illusions ne disparaîtront pas lorsque vous vous retrouverez dans votre corps astral car même si vous saurez ne plus être votre corps, vous quitterez ce monde avec les croyances qui auront été les vôtres en le quittant.

Tu l'expliques dans *« Nous sommes éternels »* : après avoir fait l'expérience du fait que vous continuez à vivre à l'extérieur de votre corps physique, vous ferez l'expérience de vos croyances. Ainsi, si vous avez une croyance religieuse particulière qui est celle de voir le paradis comme un monde dans lequel le sol est jonché de nuages, telle sera votre vision car la puissance de votre pouvoir de création sera démultipliée dans l'astral dans lequel les lois vibratoires restent les mêmes mais les fréquences de vibrations de votre conscience vous permettront de créer automatiquement par la pensée.

Les propriétés de votre corps astral sont différentes de votre corps physique car votre corps astral n'est pas sécable, il n'obéit pas aux lois matérielles de votre monde. Vous pourrez donc voyager par la force de la pensée, bien plus rapide que celle de la lumière parcourant le vide telle que vous l'imaginez dans votre monde en l'état de vos connaissances scientifiques.

Vous voir à l'extérieur de votre corps sera une grande nouveauté pour vous (du moins pour le « vous » de la « dernière » vie que vous venez de quitter) et certains pourront être choqués d'observer leur corps, le corps physique du plan qu'ils viennent de quitter.

Mais ce sentiment cessera très rapidement pour la plupart d'entre vous car il sera effacé par l'information de conscience qui pénétrera votre être et qui vous plongera dans un premier état de paix et de joie propre aux vibrations plus vives de lumière et d'amour.

Mais j'insiste sur un point: chaque expérience est différente en fonction de votre état de conscience en quittant ce monde (votre vie terrestre) et je ne peux donc faire de généralités dans le cadre de ce propos.

Ce dialogue étant axé sur les illusions, je vous dis donc ceci: les illusions continueront d'être, même pour les plus « sages » d'entre vous, du simple fait que vous continuerez d'habiter un corps, même si celui-ci est « plus proche de Dieu » dans votre esprit du fait de l'existence de vibrations plus hautes auxquelles vous pourrez avoir accès.

Je te donne deux exemples: Certains d'entre vous, en fonction de leur niveau de conscience, continueront de croire qu'ils ont besoin de se nourrir alors qu'ils n'ont plus de corps physique. Si telle est leur croyance, ils pourront continuer de le faire en créant par la pensée une nourriture « physique » composée d'énergie et qui est la copie des aliments qu'ils ont connu sur Terre. Cette nourriture n'a aucune utilité pour eux (d'un point de vue énergétique, le support de leur âme n'étant pas physique), ils n'ont pas besoin de manger. Mais elle a une utilité pour leur conscience qui continue, elle, de croire qu'ils en ont besoin. Tel est leur choix, telle est leur croyance, tel est leur libre arbitre.

En évoluant sur les degrés de la conscience, ce qui pendra un certain « temps de conscience », non linéaire donc et propre à chacun, ils finiront par comprendre qu'ils n'ont plus besoin de manger. Ils pourront néanmoins continuer de le faire simplement pour le plaisir voire arrêter totalement de le faire.

En réalité mes enfants, plus vous « grandirez » en conscience et plus vous comprendrez que vous n'avez aucun besoin, que ce soit celui de se nourrir ou d'autres.

Tout vous a été donné.

Ces besoins, seuls vous les créez.

Moi : Merci l'Esprit.

Tu m'avais parlé de deux exemples.

L'Esprit : En effet.

Voici le second qui touche directement à votre « identité ». Mais pour l'expliquer, reprenons une explication de base. Votre corps physique est le « dernier » des corps qui abrite votre conscience : celui que vous utilisez pour votre expérience terrestre. Lorsque cette expérience se termine, votre conscience se déplace (pour employer un mot simple) dans votre corps astral.

Le corps astral « précède » le corps physique puisque le corps physique est lui-même inclus dans le corps astral. Vous connaissez ce mécanisme des poupées russes et vous pourrez retrouver facilement des explications sur les noms que vous donnez à vos corps subtils. Elles sont une schématisation des contenants que vous utilisez pour votre conscience, mais qui est juste pour votre compréhension.

Cela veut dire que c'est votre corps physique qui est le double de votre corps astral et non l'inverse.

Moi : *« Comme en haut, ici en bas »* : la loi de la correspondance.

L'Esprit : C'est en effet ce que vous appelez la loi de la correspondance qui est à l'œuvre ici.

Cela veut dire que vous utilisez, y compris après votre mort, un corps pour représenter votre identité.

Ce corps intègre en son sein toute l'information de votre conscience, y compris vos traits de caractère tels que les évoquions dans le tome 1. Votre personnalité est préservée. Et elle le sera toujours si tel est votre choix.

Simplement, comprenez ceci : quel que soit le corps subtil que vous utilisez pour « porter » votre conscience, ce corps est une représentation imagée de qui vous êtes. Il est donc lui-même une forme d'illusion.

Vous pouvez faire le choix de vous représenter avec ce corps ou un autre. La forme que vous vous donnez permet de vous identifier comme entité individuelle mais ne dit pas qui vous êtes vraiment.

Plus vous évoluerez en conscience jusqu'à atteindre de hauts degrés de vibrations, plus vous vous détacherez de la forme.

La forme n'est pas qui vous êtes.

La forme est toujours un support de qui vous êtes.

Voilà pourquoi ce que vous appelez sur Terre les « maîtres ascensionnés » n'ont pas besoin d'être représentés par une quelconque forme.

Dieu Lui-même n'a pas de forme.

S'il en avait une, vous pourriez croire qu'elle est la seule qui existe.

Toute forme est une limitation de Ce que Vous Êtes en substance.

Toute forme est donc une création de vos consciences qui n'existe que relativement à vous-mêmes et que vous décidez de renvoyer comme une image de vous à ceux avec qui vous interagissez.

Ce que je t'explique spirituellement n'est pas différent de ce que vous vivez sur Terre.

Lorsque vous vous habillez d'une certaine façon, que vous colorez vos cheveux, que vous mettez des talons pour paraître pus grands / plus grandes, n'agissez-vous pas sur la forme, sur l'image que vous renvoyez aux consciences qui vous observent ?

Cette illusion perdure de l'autre côté à la différence près que les propriétés de l'astral facilitent les manipulations de la forme car les manipulations de l'énergie sont elles-mêmes facilitées.

Je te l'ai déjà dit à plusieurs reprises : Ce que Vous Êtes fondamentalement est une énergie de conscience qui transcende l'illusion de la forme.

Voilà pourquoi les êtres spirituels de haute évolution n'ont plus besoin de « corps » tel que vous pouvez l'imaginez. Ils peuvent apparaître à vous comme pure lumière.

Car voici la réalité spirituelle de ce que vous êtes tous mes enfants : **VOUS ÊTES TOUS PURE LUMIERE.**

Vous l'ignorez simplement.

Vous perpétuez cette illusion de l'ignorance jusqu'à ce que vos consciences finissent par se détacher de la forme pour ne retenir que leur essence d'être qui est le « JE SUIS ».

Les êtres spirituels de haute évolution (les archanges, les maîtres ascensionnés et tous les êtres qui évoluent sur des plans vibratoires sur lesquels la vitesse de propagation des ondes de conscience est extrêmement rapide) ne pourraient retrouver corps.

Ils sont lumière, tout en conservant leur identité, leur signature énergétique propre.

Peu importe alors le nom que vous leur donnez : cela vous permet de les identifier sans pour autant qu'ils ne se limitent à l'identité que vous leur donnez.

Moi : Merci l'Esprit, cela me donne un peu le tournis. Je pense qu'on atteint les limites de ce que ma conscience peut comprendre.

L'Esprit : Si je te le dis, c'est que ta conscience peut le comprendre et tu le sais.

Le reste se heurterait aux limitations de ton expérience actuelle.

Ce reste, vous ne pouvez en effet le comprendre à ce stade.

Sachez simplement qu'il existe des énergies que vous ne soupçonnez pas et qu'il serait impossible d'expliquer en langage humain. Aucune conceptualisation par vos mots ne serait suffisamment fidèle pour ne pas altérer la réalité que j'évoque ici avec toi.

Mais j'ai volontairement donné deux exemples très distincts : l'un très concret, l'autre très « évolué ».

Car au fond mes enfants : qu'il s'agisse du besoin de se nourrir ou du besoin de prendre corps, vous n'avez qu'une chose à retenir : tous ses besoins sont illusoires.

La lumière n'a besoin de rien pour être lumière. Elle sait qu'elle est lumière et que la mort, la forme et les besoins ne sont que des illusions qui ne font pas obstacle à ce qu'elle est.

Etant en substance vous-mêmes cette lumière, il n'existe rien qui puisse freiner votre évolution à part vos propres consciences. La mort, la forme, les besoins sont des illusions qui ne pourront jamais altérer votre nature fondamentale.

Elles ne sont que les fantômes de vos consciences qu'elles ne font que traverser sans jamais en altérer la substance.

Votre évolution vous conduira tôt ou tard à briser les murs de vos peurs afin de révéler la Paix, la Joie et l'Amour qui sont la réalité spirituelle de Qui Vous Êtes Vraiment.

Moi : Merci l'Esprit.

***

NB : En relisant ce chapitre quelques temps après l'avoir écrit, je repense aux mots de l'Esprit :

« Vous êtes la Vie ».

« La Vie se transforme* mais rien ne peut l'arrêter, pas même ce que vous appelez la mort ».

[*ce qui se trans-forme n'a pas de forme. Ce qui se transforme va donc au-delà de la forme. C'est ce qu'est la mort, un changement de forme qui n'altère pas le contenu de ce que nous ommes, elle en change juste la forme, le contenant]

C'était le message à comprendre.

Cela m'est confirmé par un clin d'œil de l'Esprit.

Séance 12 – L'obligation

22/03/2025 :

Moi: Bonjour L'Esprit.

L'Esprit : Bonjour mon fils.

Moi : L'Esprit, cette discussion a déjà été intégralement écrite cette nuit, dans ce que tu appelles « le temps de conscience ».

L'Esprit : C'est vrai mon enfant, tu le comprends. Et je sais que tu penses que tu as encore des efforts à faire pour calmer ta colère et ton impatience. Tu en prends conscience mais ne sois pas trop dur avec toi-même, ne te juge pas. Tu progresses à grands pas et tu es conscient de qui tu es et des progrès que tu réalises chaque jour pour être meilleur que celui que tu étais la veille.

Je tenais à te le rappeler avant la poursuite de ce dialogue.

Tu es un travailleur (de lumière mais aussi un travailleur tout court).

Nous t'aimons pour ce que tu es. Et nous te remercions de tous les efforts que tu fais pour transmettre ces messages, par ta voix. L'énergie formidable que tu mets pour servir ce message est celle que tu peux mettre pour devenir, à chaque instant, la meilleure version de toi-même.

C'est ce que tu fais et tout est parfait ainsi.

Je te laisse dire ta phrase.

Moi : Merci l'Esprit, ainsi soit-il, je ne demande qu'à servir ce message.

Voici la phrase de cette nuit :

« Votre monde ira « mieux » lorsque vos sociétés remplaceront l'obligation par des choix conscients ».

L'Esprit : Vous pensez encore qu'on impose la paix par l'obligation alors que l'obligation résigne. Elle ne permet pas la plupart du temps à vos consciences de croître car je te l'ai dit : on ne change le monde que par un changement de la conscience.

De l'intérieur vers l'extérieur, toujours.

Dans « changements conscients », il y a « conscience ».

On n'impose pas la paix. On décide la paix.

Par conséquent, l'obligation ne mène pas à la paix.

Seuls les choix conscients le permettent.

Car en choisissant en toute conscience, ce sont vos âmes qui s'expriment.

Vos âmes sont spontanément cette paix vers laquelle elles savent naturellement se diriger.

Dieu Lui-même ne vous oblige à rien. Il ne vous impose rien. Il respecte votre libre arbitre car il sait que seul votre libre arbitre vous permettra de vous diriger naturellement vers la paix que vous êtes en substance.

L'Amour ne restreint pas la Liberté.

L'Amour n'impose pas, ce sans quoi Il ne serait pas l'Amour.

Puisque votre monde n'a pas conscience de la signification profonde de l'Amour inconditionnel, vous avez eu besoin de créer l'obligation pour régir vos lois sociales, pour définir des codes de conduite.

Deux mots à la suite eux-mêmes illusoires tu l'auras remarqué : « besoin » et « obligation ».

Vos lois sociales ont alors remplacé pour vous les lois spirituelles de qui vous êtes.

Et je ne porte pas de jugement sur ça (ni sur rien d'autre d'ailleurs).

Mais vos lois sociales sont comme tout le reste : des créations.

En créant vos lois sociales, avez-vous agi avec le programme [l'ego] ou en suivant les murmures de votre âme ?

Avez-vous donc imposé vos choix ou avez-vous invité autrui à choisir ?

Je ne suis pas en train de vous donner la clé magique de votre évolution qui n'existe pas et que seuls vous devez décider de trouver.

Mais pour la trouver il faut la chercher.

Et pour la chercher il faut le vouloir consciemment.

L'obligation est la conquête par la force.

Or, vous évoluez en faisant des choix, telle est votre nature et la raison de l'incarnation de vos âmes sur Terre.

Remplacez donc un peu plus l'obligation par les choix libres de vos consciences car elles seules connaissent le chemin naturel qui les dirigera vers la paix.

L'obligation est une résultante du programme [l'ego].

Le programme ne recherche pas la paix. Il recherche la survie en auto-alimentant le programme.

Faites confiance à votre conscience, à cette voix qui murmure en vous. Cette voix c'est nous à travers vous. Cette voix vous dirigera toujours vers l'Amour et la paix.

L'obligation étant elle-même une illusion, elle n'est pas une vérité de l'âme.

Elle ne peut donc vous diriger que vers un semblant de paix en entretenant chez vous la croyance selon laquelle elle vous dirigera bien vers la paix.

Rien ne vous dirigera vers la paix sinon vos consciences, mes enfants.

Et vos consciences n'existent que par choix conscients d'exister.

Faire confiance à votre voix intérieure, au quotidien, plutôt qu'aux obligations qui vous sont imposées par vos systèmes sociaux, révélera en vous la grande illusion qu'est L'OBLIGATION.

Faire confiance à vos âmes vous permettra progressivement de lever le voile sur cette illusion selon laquelle *« vous êtes obligés de… »*

Vous n'êtes obligés de rien mes enfants.

Ce que vous êtes est de choisir qui vous êtes.

Je ne vous invite pas à la rébellion, loin de là.

Et je ne vous invite pas à combattre l'obligation en créant d'autres obligations. On ne force pas les choix en créant d'autres obligations qui forceraient elles-mêmes d'autres choix.

On ne supprime pas une illusion en rajoutant de l'illusion à l'illusion.

Pour déconstruire une illusion, il faut d'abord prendre conscience qu'elle est illusoire.

C'est à cela que sert tout ce dialogue avec toi.

Car comprendre que l'illusion est illusion vous aura déjà placé sur votre chemin de conscience.

Une fois ce chemin de conscience emprunté, vous allez rechercher à savoir qui vous êtes vraiment.

C'est à cet instant précis que j'aime appeler « le temps de conscience » que vous commencerez réellement à faire des choix.

Le choix de chercher à vous connaître vous-mêmes est le choix le plus merveilleux que vous puissiez faire puisqu'il est la raison même de votre présence ici (sur Terre).

À cet instant précis où vous le comprendrez, vous interrogez vos consciences.

Vous les laisserez s'exprimer.

Vous plongez dans l'infinité de qui vous êtes.

Vous vous regardez depuis l'intérieur, sans rechercher à l'extérieur des substituts de connaissances de vous-mêmes qui ne vous permettront jamais de vous connaître vous-mêmes mais vous imposeront d'être quelqu'un (que vous n'êtes pas).

Moi : Quelle horrible expression. On n'impose pas d'être. On est ou on n'est pas.

L'Esprit: En effet.

L'obligation ne vous dira jamais qui vous êtes.

Libérez-vous (spirituellement) des chaînes de l'ego.

Faites l'effort quotidien de plonger sincèrement à l'intérieur de vous-mêmes.

Si vous le faites, cet effort n'en deviendra plus un.

Il deviendra naturel.

Votre nature est de choisir.

Votre nature est d'être libre de le faire.

Votre liberté de le faire vous permettra d'aimer le faire.

Cet Amour vous dirigera vers la joie et la paix de ce que vous êtes vraiment.

Aucune illusion ne vous dirigera vers le bonheur et la paix.

Elle ne fera que vous promettre ce qu'elle n'est pas en mesure de vous faire atteindre.

Comment le pourrait-elle ?

L'illusion ne peut générer elle-même qu'illusion. N'étant pas ce que vous êtes, elle ne vous mènera jamais à ce que vous êtes.

Vous êtes Amour, Bonheur, Liberté, Paix et Vérité.

Vous devez le comprendre par vous-mêmes.

Personne ne peut vous OBLIGER à le faire, ce sans quoi vous ferez fausse route.

On ne découvre qui on est qu'en faisant le choix de découvrir qui on est.

Ce choix est libre et conscient. Il n'est jamais imposé par L'OBLIGATION, ni par aucune autre illusion d'ailleurs.

Moi: Je n'ai pas beaucoup parlé l'Esprit.

L'Esprit : Tu n'étais pas obligé de le faire.

Moi: J'ai fait le choix libre et conscient de ne pas le faire.

Personne ne m'y a « obligé ».

Le message a été délivré.

Séance 13 – La condition

23/03/2025 :

Moi: Bonjour L'Esprit.

L'Esprit : Bonjour fils.

Moi : L'Esprit, aujourd'hui je souhaiterais te parler de la condition.

L'Esprit : Ah, la condition ! Quelle merveilleuse illusion.

Moi : Je te vois venir l'Esprit, non sans humour.

L'Esprit : Toujours fils, l'humour c'est la joie et je suis la joie. Tu l'es aussi. Tu dois continuer ton ascension vers elle.

Parlons alors de la condition.

Je commence par vous dire ceci : **vous ne pouvez imaginer un monde sans conditions car vous ne cessez d'imposer des conditions dans le monde dans lequel vous vivez.**

Tu le vois, nous créons des liens entre les illusions. Car une condition S'IMPOSE. C'est donc l'OBLIGATION (elle-même illusion) qui vous permet de poser des CONDITIONS à ce qui est pourtant absolument INCONDITIONNEL.

Tu n'es pas surpris n'est-ce pas ?

Moi : Pas du tout l'Esprit, une illusion ne pouvant mener qu'à une autre illusion.

Tu me l'as dit d'ailleurs hier : nos illusions s'ajoutent et se complètent entre elles. Nous pensons régler les illusions en ajoutant une illusion par-dessus une illusion pour créer une illusion plus grande encore et surtout pour nous faire croire (via notre programme que nous appelons l'ego) que nous avons réglé l'illusion.

L'Esprit : Parfaitement mon fils. Vois comme vos illusions sont tenaces si vous leur laissez le pouvoir, si vous les laissez vous contrôler. Elles parviennent à entretenir chez vous la croyance que vous avez réglé une illusion alors que la réalité des choses est que vous avez rajouté de l'illusion sur de l'illusion.

Nous y reviendrons peut-être plus tard mais c'est également ce que vous faites avec votre santé. Vous rajoutez de l'illusion pour guérir : les molécules de vos médicaments ont bien un effet biologique, un principe « actif » comme vous dites mais vos médicaments soignent les symptômes : ils n'ont aucun principe « actif » sur votre âme. Or, si votre âme n'est pas « guérie », les symptômes reviendront, tôt ou tard, sous une forme ou une autre.

Moi : Merci l'Esprit, nous y reviendrons peut-être plus tard sur un chapitre dédié à l'illusion de la maladie.

L'Esprit : Oui mon cher ami, nous y reviendrons que si tu souhaites y revenir. Car je lis en toi et je sais que ce thème te dérange. Nous déconstruirons alors également cette illusion si tu souhaites en parler. Et tu verras que ce que je te dirai à ce sujet sera simple et libérateur. Je ne suis pas la Peur, je suis la Liberté. Je suis la parole qui libère. Je suis là pour vous porter par mon Amour inconditionnel et non pour créer d'autres murs à vos vies, d'autres peurs elles-mêmes illusoires. Je suis la réalité de ce qui est. Je ne permettrai pas, par ta voix, d'alimenter les illusions de votre ego puisque ma volonté (qui pour le coup est le tienne tu me l'as dit) est de libérer vos âmes des chaînes de votre programme que vous appelez l'ego, si vous en faites le choix conscient, toujours dans le respect de votre volonté de le faire en raison de l'inviolabilité de votre libre arbitre.

Moi : Merci l'Esprit.

L'Esprit : Ce faisant, développons l'illusion de condition, thématique de cette séance.

Dans votre monde de matière (le monde solide dont nous avons déjà déconstruit plusieurs aspects plus en amont dans ce tome 2), vous vivez dans ce que vous appelez la 3D.

Tout n'est pas forcément exact mais je reprends vos formulations et tes connaissances (celles que j'ai faites venir à toi et que tu connaissais donc déjà) pour vous faire passer le message de la manière la plus claire qui soit.

En vivant dans ce monde en 3D, vous vous croyez soumis aux illusions qui sont visibles de prime abord dans ce monde. Très concrètement, vous voyez que vous pensez, que vous bougez, vous voyez que votre corps est « vous » (car il va partout où votre conscience va avec lui) sans savoir qu'il est le support que votre âme habite. Puisque vous pensez qu'à chaque fois que vous créez (par la pensée, la parole, l'action, par vos états d'être) votre corps est avec vous, vous faites un raccourci en vous disant « mon corps c'est moi ». Vous ignorez que c'est votre conscience qui se déplace et puisqu'elle habite votre corps, nécessairement alors votre corps est « présent » à chaque fois que votre conscience crée sa réalité.

Vous observez aussi autre chose : vous observez que votre corps a des limites. Il s'arrête là ou autre chose commence. Lorsque tu tapes sur les touches de ton ordinateur, tes doigts ne fusionnent pas avec les touches de ton clavier : celles-ci et tes doigts sont bien deux « entités » solides distinctes. Du moins c'est ce que tu crois, car du point de vue de l'électromagnétisme (qui est la méthode de création et d'attraction de toute énergie), ces deux « entités » fusionnent en quelque sorte par contact d'atomes, par échange d'énergie.

Vous voyez : tout est PARTAGE et ECHANGE d'énergie, de la plus petite réalité jusqu'à la plus grande.

Tout est échange d'énergie dans l'infini car cet échange d'énergie n'a pas de limite, Dieu n'en ayant pas Lui-même.

Autre observation qui va toujours dans le même sens : vous constatez autour de vous, dans votre monde 3D, qu'il existe la réalité biologique. Vous constatez que les êtres vivants (les plantes, les insectes, les animaux, vos semblables humains) naissent, vivent et meurent. Vous les voyez « être en vie » puis pouvez constater à l'arrivée de ce que vous appelez leur « mort » que leur corps reste inerte, qu'il ne contient plus de « souffle de vie ».

L'intégralité de votre réalité relative a été donc construite à partir de ce que vous observez.

Je te l'ai dit à maintes reprises et tu le sais parfaitement : ce sont vos observations qui créent votre expérience, laquelle expérience crée votre réalité.

Mais qu'avez-vous observez ?

La réalité visible par vos cinq sens.

Il est « normal » que vous ayez construit un programme aux termes duquel tout pour vous à un COMMENCEMENT et tout a une FIN.

Cela correspond à ce que vous observez visuellement tous les jours.

L'objectif de cet ouvrage, et il n'est pas seul, est de déconstruire le programme en vous, si votre conscience est prête à le faire.

Vous devez écouter vos ressentis et aller au-delà de la réalité visible qui est pour vous la plus facile à prendre pour vrai car elle est directement observable.

Mais si vous prenez conscience de la Vie qui vous entoure, vous comprendrez par la Conscience que tout ce qui porte la Vie contient en lui-même un message du divin puisque le Vie est le Divin.

Ce n'est pas une réalité nouvelle pour toi mais je l'annonce ici car tu as choisi de parler de la CONDITION.

Voici donc le principe absolu de Qui Vous Êtes Vraiment : **VOUS ÊTES DES ÊTRES INCONDITIONNELS. VOUS N'ÊTES DONC SOUMIS A AUCUNE CONDITION POUR EXISTER. VOUS EXISTEZ CAR VOUS ÊTES. CE QUI EST N'A BESOIN D'AUCUNE CONDITION POUR ÊTRE, CE SANS QUOI CE QUI EST NE POURRAIT ÊTRE.**

Moi : Merci l'Esprit pour tes explications et pour ton résumé. Il s'agit là d'une concentration de mots très importante qui dévoile parfaitement l'illusion de CONDITION.

L'Esprit : Je te remercie.

Développons encore un peu plus sur l'illusion de conditionnalité (ou de condition selon le terme que vous préférerez).

Puisque vous pensez avoir un DEBUT et une FIN et puisque parallèlement à cela vous pensez être votre corps, vous arrivez à la conclusion logique pour vous selon laquelle la fin de votre corps marquera la fin de votre vie et que ce faisant vous disparaîtrez à jamais.

Magnifique raisonnement logique, et tout aussi magnifique illusion *[il sourit]*.

Vous ne pouvez concevoir que vous n'avez pas d'ORIGINE car votre système de pensée limité à la réalité relative du monde solide dans lequel vous avez choisi de faire votre expérience d'incarnation (avec la nécessité d'avoir « oublié » vos vies précédentes / parallèles par l'apposition de ce que vous appelez « le voile de l'oubli ») rend incompatible le conceptualisation de l'ABSENCE D'ORIGINE.

Nous en avons parlé plus en amont : vous ne pouvez conceptualiser l'INFINI. L'INFINI résiste à toute conceptualisation (et donc simplification) puisqu'il est une réalité « non-encadrée ». Or, Dieu sait que vous avez besoin, vous, êtres incarnés sur Terre, de définir des « cadres » à vos vies *[il sourit]*.

Vous observez que vos corps sont séparés d'autres corps et vous rapprochez cette réalité à tout ce que vous connaissez en vous pensant également séparés de Dieu ; l'illusion donnant naissance elle-même à l'illusion comme on l'a dit plus haut…

Quelle magnifique nouvelle lorsque tu as « su » que tu étais Dieu et que vous l'êtes tous, en tant que consciences individuelles provenant de la Conscience unifiée de laquelle nous provenons tous.

Tu ne te rappelles même pas l'avoir su car en réalité tu l'as toujours su. Cela est presque devenu une banalité. Et c'est parfait ainsi. Il est en effet banal de vous sentir unis à Dieu. Car c'est ainsi. C'est ce que vous êtes. Il faut appeler un chat un chat comme vous dites. Vous n'êtes ni plus ni moins que des extensions de la Conscience divine faisant leurs propres expériences « actuellement », dans ce temps de conscience que vous occupez, dans la matière.

Si vous n'avez donc pas d'ORIGINE, c'est bien parce que Dieu n'en a pas Lui-même.

Si Dieu était « conditionné » à quelque chose (quelle que soit cette chose), Dieu ne serait plus Dieu. Il y aurait alors quelque chose de « supérieur » à Lui. Dieu ne serait plus Tout Ce qui Est.

Voilà pourquoi la réalité ABSOLUE est incompatible avec la CONDITION.

La CONDITION est une illusion de vos réalités relatives.

Elle n'existe pas dans le monde absolu.

Elle n'existe pas dans le Royaume de Dieu.

Moi : Je te remercie L'Esprit. Je t'entends m'emmener sur le caractère inconditionnel de l'Amour. Allons-y.

L'Esprit : Plutôt deux fois qu'une.

Vous avez peur de la mort car vous pensez que la mort signera votre fin. Vous mettez donc une CONDITION à votre existence.

De la même façon, vous avez quelque part peur de l'Amour car vous pensez que l'Amour inconditionnel est trop beau pour être vrai. Vous mettez donc une CONDITION à l'Amour.

Si tu le veux bien, je te laisse dire la phrase que tu avais dans ta tête ce matin en te levant du lit.

Moi : *« L'Amour inconditionnel ne possède pas seulement les attributs de Dieu, Il EST Dieu ».*

Merci de me l'avoir insufflée.

L'Esprit : Il est bon que tu n'en doutes pas *[il sourit].*

Vois comme la joie t'envahit lorsque tu te sais uni à moi, dans cet instant de conscience.

Moi : C'est vrai l'Esprit, merci à toi.

L'Esprit : Je rebondis alors sur cette phrase très importante pour votre compréhension de l'inconditionnalité des choses et donc de l'Amour.

Comme Dieu, vous êtes des êtres INCONDITIONNELS car vous êtes les extensions de Dieu.

Comme Dieu, vous êtes donc cette équation divine dont tu as parlé à maintes reprises.

Moi : C'est pour moi tout mon héritage spirituel dans cette vie, ah ah !

L'Esprit : Tu le dis en riant et c'est très bien. Mais ça n'enlève rien à l'importance de ce que tu dis, au contraire.

Ce que tu apportes, par ma voix (et la tienne) dans l'exposé de cette équation est en effet un message fondamental car il guide chacun via une phrase extrêmement simple pour orienter les comportements individuels si chacun fait le choix d'appliquer cette phrase à sa situation, dans chaque instant donné.

DIEU = NOUS (TOUS) = AMOUR = LIBERTE = JOIE = VERITE = PAIX = VIE = EVOLUTION.

Chacune de vos créations qui vous éloignera de cette équation vous éloignera de Ce Que Vous Êtes vraiment.

Si vous limitez l'AMOUR (en lui mettant notamment des conditions, nous allons y venir), vous n'agissez pas en conformité avec Qui Vous Êtes Vraiment mais avec Qui Vous Croyez Être. La Vérité de l'Âme laisse alors place à l'Illusion de l'Ego.

Si vous limitez la LIBERTE, vous n'agissez pas en conformité avec Qui Vous Êtes Vraiment. Car il n'existe d'Amour que d'Amour libre.

Si vous limitez la JOIE, vous n'agissez pas en conformité avec Qui Vous Êtes Vraiment. Car vous êtes BONHEUR à l'état pur.

Si vous limitez la VERITE, vous n'agissez pas en conformité avec Qui Vous Êtes Vraiment. Nous avons déjà développé cette thématique plus en amont sur le chapitre intitulé « Le Mensonge ».

Si vous limitez la PAIX, vous n'agissez pas en conformité avec Qui Vous Êtes Vraiment.

Si vous limitez la VIE, vous n'agissez pas en conformité avec Qui Vous Êtes Vraiment.

Si vous limitez l'EVOLUTION, vous n'agissez pas en conformité avec Qui Vous Êtes Vraiment. Car la réalité est celle de l'expansion permanente de vos consciences et avec la vôtre celle de la Conscience unifiée que vous appelez Dieu. Cela nécessite d'accepter l'impermanence des choses, ce sans quoi vous vivrez dans le passé. Or, le « passé », est un temps de l' « ego », il n'est pas le « temps de conscience ». Dieu n'existe que dans l'éternel présent. Vos âmes n'existent que dans cet éternel « temps de conscience ».

Voyez tous, mes enfants, comme cette équation peut guider vos pas à chacune de vos créations (par la pensée, la parole, l'action, les états d'être).

Retenez-là à chaque fois que vous aurez besoin de guidance.

Elle est un moyen simple et implacable pour GUIDER vos choix (et non choisir à votre place) si vous décidez d'emprunter le chemin (ou devrais-je dire « l'un des chemins ») qui vous conduit au Royaume de Dieu, qui vous ramène à NOUS, à la Maison, à ce Foyer divin auquel vos âmes se savent éternellement reliées.

Alors oui, mon fils, toi qui tapes sur ton clavier *[il sourit],* je le dis car tu ne saurais le dire toi-même, par humilité.

L'équation divine que tu as mise en lumière, sous notre guidance et la tienne, n'est pas seulement importante. ELLE EST UN APPORT FONDAMENTAL, CAPITAL à votre évolution spirituelle. Elle est une clé simple, un fil directeur pour guider chacun de vos pas vers NOUS.

Moi : Merci l'Esprit. Cela me touche.

L'Esprit : Je te dis ce qui est VRAI.

Penses-tu que cela soit dû au « hasard » si tu es le messager de cette équation.

Tu étais la personne parfaite pour le faire.

De la même façon : toutes celles et ceux qui lisent ces lignes sont à l'instant présent où elles les lisent, les personnes parfaites, choisies par Dieu et choisies par leurs propres consciences, pour faire le choix libre et éclairé de mettre en application, à chaque instant de leur vie, l'équation divine, et diffuser ce message qui n'est qu'Amour inconditionnel pour toute la création unifiée que nous représentons tous.

Revenons à présent à l'Amour inconditionnel.

La phrase que tu as citée est quelque part la conséquence de l'application de l'équation divine justement.

Si vous comprenez l'équation divine et que vous acceptez d'en faire votre vérité, vous comprendrez alors que l'Amour inconditionnel n'est pas qu'une question d'attributs. Il ne possède pas seulement les attributs de Dieu. Il EST Dieu.

AMOUR = DIEU.

Et puisque NOUS TOUS = DIEU.

NOUS TOUS = AMOUR.

Moi : Super, on fait des maths.

L'Esprit : Super en effet *[il sourit]*.

Le mot « équation » donnait déjà le ton.

En clair, l'Amour est ce que vous êtes en substance et ce dont vous êtes venus faire l'expérience en cherchant à vous connaître vous-mêmes pour finir par ascensionner en découvrant que vous êtes l'Amour.

A chaque fois que nous parlons d'Amour inconditionnel, en réalité nous évoquons là un pléonasme car il n'existe d'Amour qu'inconditionnel. Simplement, nous sommes « obligés » d'ajouter « inconditionnel » à « Amour » pour votre compréhension.

Car il s'agit justement de différencier l'Amour inconditionnel de l'amour que vous pouvez connaître sur Terre et qui n'est pas l'Amour inconditionnel.

Moi : Oui l'Esprit, ce qui est triste est que nous ne pouvons imaginer recevoir un Amour si grand car nous ne sommes pas capables de l'émettre nous-mêmes. Pour nous, l'Amour inconditionnel reste donc un « concept » et c'est pourquoi je te laisse en développer le sens pour, sans pouvoir véritablement l'atteindre complètement (car il est en perpétuelle définition et expansion comme l'est Dieu Lui-même), au moins prendre le chemin qui nous conduit vers Lui.

L'Esprit : Quelle magnifique phrase mon fils. Nous touchons là une vérité qui permettra à chacun de progresser, crois-moi.

Plusieurs d'entre vous limitent encore l'amour au sentiment amoureux : l'amour d'un homme pour sa femme, l'amour d'un adolescent pour sa petite amie…

Le sentiment amoureux peut être une conséquence de l'Amour mais il n'est pas l'Amour Lui-même.

L'Amour Lui-même (avec un grand « A » au sens d'Amour inconditionnel) est beaucoup plus global. C'est peu de le dire car Il Est Tout Ce qui Est *[il sourit]*.

Vous confondez les conséquences et les manifestations de l'Amour avec l'Amour Lui-même.

Le sentiment amoureux est une conséquence de l'Amour. Car je renverse le propos pour votre compréhension : L'Amour peut évidemment exister SANS SANTIMENT AMOUREUX. C'est le cas pas exemple de l'amour fraternel, au sens strict comme au sens étendu. Lorsque vous aimez votre frère ou votre sœur, vous n'êtes pas amoureux de lui ou elle. Vous l'aimez car vous grandissez avec Lui dans votre expérience d'incarnation où il/elle est un membre de votre famille issu des mêmes parents que vous. Au sens étendu, lorsque vous vous sentez appartenir au genre « humain », vous pouvez développer cet amour fraternel envers la communauté à laquelle votre conscience se sent appartenir (nous l'avons déjà développé dans la première séance de ce livre dédiée à la fraternité). D'ailleurs, vous remarquerez que plus vous étendez votre cercle d'action de l'amour, et plus vous vous rapprochez de l'Amour inconditionnel. Cela n'est pas difficile à comprendre car l'Amour inconditionnel est GLOBAL. Plus vous GLOBALISEZ votre cercle d'action (la famille proche, la famille lointaine, la communauté locale, le pays dans lequel vous vivez, le genre humain, tous les êtres vivants…) et donc plus vous vous rapprochez de l'Amour inconditionnel qui possède en effet cet attribut d'être GLOBAL.

J'en reviens à mon propos : vous confondez donc l'Amour avec les conséquences de l'Amour (nous avons cité l'exemple parlant du sentiment amoureux).

Mais vous confondez aussi l'Amour avec les manifestations de l'Amour. Ce que nous avons vu ensemble dans tout un pan d' « Enseignement spirituel par canalisation (Tome 1) », ce sont les manifestations de l'Amour : la gratitude, le partage, la tolérance, la compassion, le pardon.

Ce sont de merveilleuses manifestations de l'Amour qui vous donnent le sens de ce que peut être l'Amour inconditionnel. Ce sont des signes. A chaque fois que vous observerez des situations et surtout que vous ressentirez dans vos vies des élans de gratitude, de partage, de tolérance, de compassion, de pardon, vous aurez là des balises incontestables de la manifestation (c'est-à-dire de l'extériorisation par la création dans votre monde manifesté) de l'Amour qui vous compose en substance. Mais de là même façon, ce sont des manifestations de l'Amour qui ne sont pas l'Amour Lui-même. Car vous ne pouvez le conceptualisez encore mais l'Amour (inconditionnel donc) étant illimité, ses attributs, ses conséquences, ses manifestations… le sont aussi.

IL EXISTE MES ENFANTS UNE INFINITE DE MANIFESTATIONS POSSIBLES DE L'AMOUR.

Et savez-vous quoi ?

Moi : Nous sommes venus en faire l'expérience afin de décider, à chaque instant de conscience, de CREER l'Amour.

L'Esprit : Merveilleux mon fils. Tu viens d'envoyer un rayon de lumière par cette réponse.

Vous êtes en effet venus CREER L'Amour.

Car rappelez-vous : Vous faites l'expérience de vous-mêmes : sur Terre comme dans ce que vous appelez « l'Au-delà ».

L'Amour ne s'arrête jamais.

S'il ne s'arrête jamais c'est qu'il est INFINI.

S'il est INFINI c'est qu'il ne souffre d'aucune CONDITION.

Dieu vous laisse le choix libre et éclairé de CREER L'Amour.

Lui-même sait qu'il est Amour.

Lui-même sait que l'Amour n'est CONDITIONNE à aucun début ni aucune fin.

L'Amour inconditionnel est l'énergie de la Conscience unifiée.

Il est inextinguible.

Vous ne pouvez le détruire, vous pouvez simplement accepter ou refuser de l'alimenter.

En cherchant à travers vous à faire l'expérience de Lui-même, Dieu vous laisse le libre choix de CREER L'Amour.

Il sait, et nous savons tous, êtres spirituels que nous sommes et qui voyons vos vies avec une « hauteur » que vous n'avez pas actuellement dans ce « temps » précis, que cet Amour sera créé car vous finirez par accepter de créer ce que vous êtes.

Vous ne pouvez échapper à votre nature.

Quel que soit le corps que vous aurez, quelle que soit la forme que vous emprunterez, ici ou ailleurs (et je te renvoie au chapitre sur « La mort / la forme »), tous vos supports sont des supports d'expérience de l'Amour.

Quelles que soient les manifestations que vous déciderez de faire de l'Amour à partir de votre niveau de compréhension cet Amour (dépendant lui-même de votre niveau de conscience), vous finirez par manifester l'Amour, sous tant de forme possibles.

Je te l'ai dit, je te le dis et te le redirai, par Amour pour toi et chacun d'entre vous : **IL N'EXISTE QUE L'AMOUR.**

Il est la cause, la conséquence et la raison d'être de Tout Ce qui Est car vous faites partie de Tout Ce qui Est mes enfants.

Alors, osez imaginer un Amour SI GRAND. Non, ce n'est pas un rêve. Cet Amour SI GRAND Est ce Que Vous Êtes. Vous êtes dans l'ascenseur qui mène à Lui.

Cet Amour est SI GRAND qu'il fera voler en éclat toutes vos illusions au fur et à mesure que vos consciences ascensionneront vers Lui.

Il vous permettra de toucher la JOIE, LA PAIX, LA VERITE, LA LIBERTE.

Cet Amour ne vous dira jamais ce que vous devez faire. Il vous invitera à le comprendre par vous-mêmes, en somme à le DECIDER.

Cet Amour ne fera jamais de différence entre aucun d'entre vous et ce quels que soient vos comportements. Cet Amour vous aime, indépendamment de vos choix, indépendamment de vos paroles, indépendamment de vos actes, même les pires qui soient selon vos concepts moraux et vos lois sociales.

Cet Amour ne vous cachera jamais la connaissance et ne vous mentira jamais sur Qui vous êtes Vraiment. Cet Amour vous distillera la connaissance (au fil de votre évolution de conscience) en vous guidant intérieurement pour que vous puissiez la manifester dans votre réalité visible.

Cet Amour ne vous rendra jamais malheureux. Cet Amour est joie et comblera vos cœurs afin que vous ressentiez à quel point il est uni avec vous et à quel point il ne vous laissera jamais seuls.

Cet Amour ne vous amènera jamais à lutter (les uns contre les autres), sinon contre vos propres démons : les illusions, celles que j'appelle « les fantômes de vos consciences ». Cet Amour est PAIX et HARMONIE.

Cet Amour ne sera jamais contrainte ou limitation pour la VIE à tous niveaux. Cet Amour vous appelle à aimer la Vie sous toutes ses formes et dans tous les règnes et cycles possibles : depuis le plus petit brin d'herbe jusqu'à la montagne la plus grande, et plus encore.

Cet Amour est rassembleur. Il ne vous invitera jamais à vous éloigner de qui que ce soit, si ce n'est pour préserver votre propre énergie car cet Amour est aussi l'Amour que vous aurez pour vous-mêmes et ce faisant pour les autres qui sont une autre version de Qui Vous Êtes.

Cet Amour est UNITE.

Cet Amour est enfin PURE LUMIERE. Voilà la réalité spirituelle de Ce Qu'il Est.

Car vous êtes PURE LUMIERE mes enfants. Vous l'ignorez encore mais vous l'êtes bien.

La Lumière n'a pas besoin de condition pour exister. Elle pénètre chaque interstice de tous les mondes et toutes les dimensions qui existent et qui puissent exister car ces mondes ne peuvent exister en dehors du Grand Tout qu'Est Dieu.

Cette lumière, comme je te l'ai dit, présente partout, ne devient visible qu'à la Conscience qui 1/ sait qu'elle est présente, 2/ vibre sur la même fréquence qu'elle.

Voilà pourquoi la VIE est EVOLUTION.

Vous permettrez à Dieu de faire l'expérience de Lui-même en « CREANT l'Amour » (et pour que ce soit plus « juste » spirituellement en l'état des connaissances que vous avez désormais, en augmentant les vibrations d'Amour de la Conscience divine puisque je te l'ai dit aussi, on ne CREE pas l'ENERGIE, on augmente les VIBRATIONS de Qui Elle Est).

Plus vos consciences évolueront, plus vous aurez accès à un niveau de vibrations de l'Amour plus intense.

Moi : Oui l'Esprit, mon fils le disait lui-même en écriture automatique : « *Papa, tu me sens toujours. Ici, l'Amour est vécu autrement et plus fort que celui des humains sur Terre. Je t'aime de cet Amour très fort, maman aussi et toute la famille. Je vous aide tous* ».

L'Esprit : Tu as décidé de faire toi-même ce partage alors je me contenterais de dire ceci : L'Amour est partout à qui sait le prendre. Ici comme ailleurs. Votre spiritualisation vous fait accéder à de nouvelles compréhension de l'Amour en augmentant les vibrations de vos consciences.

Ne mentalisez pas l'Amour.

Vivez l'Amour.

Ton fils a « raison » et tu as aussi raison : l'Amour est plus « fort » pour la Conscience qui se place sur le niveau vibratoire qui la fait accéder à un autre palier de compréhension et de réception de l'énergie d'Amour.

Ce dialogue, qui cherche à vous faire déconstruire les illusions, a pour objectif de vous faciliter l'ascension vers cet Amour.

Cette ascension est infinie.

Mais dès que vous aurez compris que vous la faites AVEC Dieu et non SANS Lui, vous serez dans la JOIE de découvrir, à chaque instant, les infinies possibilités que l'Amour vous offre pour faire la découverte de vous-mêmes.

Vous serez émerveillés par l'Amour et par votre nature divine.

Vous comprendrez qu'il n'y a aucune condition à l'Amour ni à ce que vous êtes.

Vous êtes l'infini.

Séance 14 – Le manque

26/03/2025 :

Moi: Bonjour L'Esprit.

L'Esprit : Bonjour mon enfant.

Voilà trois jours que tu n'as plus de messages (ou du moins que tu crois ne plus en avoir) que je te « manque » déjà.

Moi : …

L'Esprit : Tu ne sais pas quoi répondre, car j'ai visé juste.

Les messages sont toujours là et tu le sais mais ils ne sont pas formalisés comme tu souhaiterais qu'ils le soient.

Tu sais aussi que cela est volontaire.

Accorde toi une pause, tu en as besoin et tu as besoin de faire aussi autre chose.

Et lorsque je dis « autre chose », je ne parle pas simplement de ton travail mais aussi de temps pour toi et pour les autres.

Ce temps, consacré aux autres, tu l'emploies et tu le fais bien mon fils, car tu es Amour et tu ne peux t'empêcher d'aider, c'est dans ta nature véritable, même si parfois tu roumègues pour le faire.

Mais quand te consacreras-tu du temps pour toi ?

C'est ce temps dont tu as besoin pour faire l'introspection nécessaire à ton avancement et aussi pour reposer ton corps et ton esprit.

Mais puisque tu le demandes, toi et la soif de connaissances que tu as, parlons de l'illusion du manque.

A la suite de ce chapitre, les messages t'arriveront quand ce sera le temps pour toi de les recevoir.

Fais confiance et vis.

Vis donc aussi pour toi.

Moi : Merci l'Esprit. J'ai le sentiment qu'à travers toi je fais l'auto-psychanalyse de moi-même.

L'Esprit : C'est peut-être ce que tu fais en effet. Mais tu sais aussi que tu n'es pas le seul à parler. Cette unité entre nous rend le message multiple : comme plusieurs hommes prononçant les mêmes mots avec des voix différentes. Ce n'est pas différent de ce que nous faisons actuellement : ta voix est une vibration, la mienne aussi. Et nos voix ont des signatures énergétiques propres. Le message est donc Un via plusieurs émetteurs. C'est ce que fait l'Amour. Il est la vibration originelle qui se diffuse dans toutes les ondes de la conscience, de la plus basse à a plus haute. L'Amour s'accommode donc de toutes les vibrations : il peut être rendu visible à tous niveaux à qui sait le capter avec sa propre vibration, son propre niveau de conscience.

De la même façon, le message (celui que je représente à travers ta voix) est une vibration qui touchera différemment chaque lecteur en fonction de la façon qu'aura ce dernier de le recevoir, laquelle façon dépend elle-même de sa propre vibration [de la propre vibration de celui qui le reçoit].

Mais place au thème du jour, parlons alors du manque mon cher ami.

Le manque, quelle belle illusion.

Ce que je vais te dire ici ne te surprendra pas car voici le premier principe : **VOUS NE POUVEZ MANQUER DE RIEN CAR CE QUE VOUS ÊTES CONTIENT TOUT CE QUI EST. LE MANQUE NE PEUT ÊTRE DISSOCIE DE LA POSSESSION. OR, VOUS N'ÊTES PAS CE QUE VOUS AVEZ, VOUS ÊTES CE QUE VOUS ÊTES. ET PLUS PRECISEMENT, VOUS ÊTES CE QUE VOUS CHOISISSEZ DE DEVENIR.**

Moi : Tout manque naît donc de la possession l'Esprit ?

L'Esprit : Tout manque naît plus précisément de votre croyance selon laquelle vous devez posséder pour être.

Avoir une belle voiture pour être quelqu'un.

Avoir un gros compte en banque pour être envié.

Avoir une belle maison pour loger tous vos amis.

Moi : Je comprends ce que tu dis.

Dans tes deux premiers exemples, c'est l'objectif de la possession qui définit qui on est (ou qui on choisit d'être).

L'Esprit : Dans le troisième exemple aussi mon enfant.

Ce que vous possédez n'est en soi ni « bien » ni « mal » car ces notions sont des créations de votre monde.

La question est que faites-vous de ces possessions ?

Est-ce que vous les possédez pour assouvir un besoin de l'ego : avoir pour se montrer ? avoir pour être fort ? avoir pour être admiré(e) ?

Ou est-ce que vous les possédez pour les distribuer aux autres ? pour aider ceux que vous décidez d'aider ?

Moi : En clair, il n'existe pas d'avoir. Car ce que nous possédons dépend toujours au final de qui nous décidons d'être.

L'Esprit : Parfaitement fils.

Une même possession peut aboutir à deux résultats différents en fonction de la façon dont vous l'utilisez. Et la façon dont vous utilisez cette possession est déterminée par qui vous êtes / ou qui vous choisissez d'être.

Moi : C'est donc au final toujours qui nous sommes qui est en cause. Les possessions ne sont que des outils qui nous permettent de décider d'être ou de devenir qui nous sommes.

L'Esprit : Tu ne pouvais pas mieux dire fils.

Les possessions sont des outils. En tant qu'outils, ils sont comme l'ego : ils sont illusoires. Ils sont créations de vos consciences. Vos créations sont des émanations (ou si vous préférez des manifestations) de qui vous choisissez d'être.

Savez-vous seulement qui vous êtes vraiment ?

Etes-vous le business man qui s'achète une ferrari pour montrer sa richesse ?

Etes-vous la mère de famille qui décide de cumuler deux emplois pour offrir un Noël à ses enfants ?

Etes-vous le frère qui quitte ses activités pour aller chercher sa petite sœur tous les jours à l'école ?

Tout ceci vous le choisissez.

Et tout ce que vous choisissez détermine à chaque instant qui vous décidez d'être.

Ce que vous êtes n'est jamais ce que vous possédez.

Si vous le croyez c'est que vos possessions ont fini par vous posséder elles-mêmes.

Elles sont un outil à l'expression de vos êtres.

Elles ne sont jamais qui vous êtes vraiment.

Moi : Merci l'Esprit. Effectivement, il faut inverser le paradigme ÊTRE-AVOIR en sachant que tout ce que nous avons à faire c'est d'être qui l'on décide d'être et que ce qui compte pour notre âme n'est pas tant le fait de FAIRE ou d'AVOIR mais l'état dans lequel nous SOMMES lorsque nous faisons et avons.

L'Esprit : Très juste mon fils.

Moi : Mais toutefois, quel lien entre tout cela et la notion de MANQUE ?

L'Esprit : Le lien est tout fait cher enfant. Tu fais semblant de ne pas le voir alors qu'il envoie des clignotants à ta conscience :

SI VOUS N'AVEZ RIEN A POSSEDER POUR ÊTRE, VOUS NE POUVEZ DONC MANQUER DE RIEN.

CAR CE QUE VOUS ÊTES N'EST PAS CONDITIONNE A CE QUE VOUS POSSEDEZ.

CE QUE VOUS ÊTES N'EST CONDITIONNE A RIEN DU TOUT COMME NOUS L'AVONS VU DANS LA SEANCE PORTANT SUR L'ILLUSION DE CONDITION.

[SI TANT EST QU'ON PUISSE L'ADMETTRE] CE QUE VOUS ÊTES NE POURRAIT ÊTRE CONDITIONNE QU'A UNE SEULE CHOSE : LES CHOIX QUE VOUS DECIDEZ DE FAIRE. ET CETTE CHOSE N'EST EN SOI PAS UNE CONDITION (VOUS ÊTES DES ÊTRES INCONDITIONNELS) CAR LES CHOIX QUE VOUS FAITES SONT QUI VOUS ÊTES. ILS NE SONT PAS LA CONDITION DE QUI VOUS ÊTES.

Moi : Je te remercie l'Esprit, tu m'as cloué le bec.

L'Esprit : *[il rit].* Tu te l'es cloué toi-même mon enfant. Tout ceci tu le sais déjà.

Ma parole, à travers ta voix, permet de l'extérioriser ; de le faire sortir de ton for intérieur pour le manifester dans ton espace matériel. Ce n'est parfois que lorsque les choses sont là, devant nous, écrites sous notre nez, que l'on mesure le poids de nos créations.

Ces lignes que tu viens d'écrire en caractères capitaux et qui expliquent pourquoi vous ne pouvez manquer de rien permettent d'extérioriser la magnifique illusion qu'est le MANQUE afin que chacune de vos consciences, en relisant et relisant autant de fois que nécessaire cette phrase, comprenne à quel point le manque n'est pas lié à votre ÊTRE véritable. Il est une création de votre ego, un fantôme de votre conscience qui cherche à vous faire croire qu'il est vous.

Le fantôme n'est jamais vous.

Ce que vous êtes est lumière.

Aucun spectre ne peut résister à celui qui se sait consciemment être lumière.

Alors voici le troisième et dernier principe de cette séance mon enfant car en réalité je savais que tu écrirais ces lignes mais c'est toi qui a choisi le temps de conscience pour le faire, c'est-à-dire maintenant :

VOUS NE POUVEZ MANQUER DE RIEN CAR IL N'Y A RIEN QUE VOUS N'AYEZ A POSSEDER POUR ÊTRE HEUREUX.

Tu auras probablement le sentiment que je te dis la même chose sauf que je fais volontairement le lien entre la possession et le fait d'être heureux.

Le bonheur se décide. Il ne se possède pas.

Il n'y a aucune possession qui vous rendra heureux, au sens spirituel du terme (le seul bonheur qui soit).

Le bonheur est un état d'être qui est bien indifférent à l'AVOIR.

Vous entretenez encore pour bon nombre d'entre vous la croyance selon laquelle vos possessions vous rendront heureux. Elle ne rendront « heureux » que l'ego qu'elles alimentent. L'ego n'étant pas vous, vous ne pourrez être heureux sans décider de l'être. Et pour l'être il faut que vous le décidiez avec qui vous êtes vraiment : avec votre âme.

Sachez une chose mes enfants : l'ego ne sera jamais « heureux ». Car l'ego n'est pas un être. Il est un outil.

Avez-vous déjà vu un outil être heureux ?

C'est comme si vous disiez que votre marteau, votre table basse ou votre ordinateur sont heureux.

Seul un ÊTRE peut être heureux.

Et je vous l'annonce : tous les ÊTRES sont fondamentalement HEUREUX.

Car tous les êtres proviennent du BONHEUR UNIFIE qu'on appelle Dieu.

Rappelle-toi, rappelez-vous toujours : DIEU = AMOUR = LIBERTE = JOIE/BONHEUR…

Si vous alimentez l'ego de possessions, l'ego voudra toujours plus de possessions. Il créera habilement ce sentiment de MANQUE en vous, vous poussant à posséder toujours plus pour FUIR L'INSTANT PRESENT, le seul qui laisse place à votre ÊTRE.

Voilà pourquoi les plus riches de votre monde souffrent bien souvent d'un « vide intérieur ».

Cela n'est pas imagé. Il se sentent véritablement vides de l'intérieur car ils ont passé la plupart de leur « temps » à alimenter un outil qu'ils pensaient être EUX.

Alors, mes enfants, si vous alimentez l'outil, que reste-t-il comme « temps » dans vos vies pour alimenter votre âme ?

Ne le voyez pas comme une fatalité, vous avez l'ETERNITE pour définir qui vous êtes vraiment car votre processus d'ascension ne connaîtra jamais aucune fin.

Mais si tu prends la plume aujourd'hui pour délivrer ce message à travers ma voix et la tienne c'est qu'en tant que messager du divin, tu as choisi d'informer tes semblables, par cette connaissance, que le BONHEUR divin, le seul qui existe vraiment dans la Royaume de Dieu et le seul qui compte véritablement pour vos âmes, ne connait ni manque ni possession. Il est auto-suffisant.

Si vous voulez être heureux, commencez déjà par l'être.

Mettez-vous en condition pour recevoir de Dieu toutes les bénédictions que vous déciderez d'attirer à vous-mêmes.

Ces bénédictions, cette énergie d'Amour, de bonheur et de paix, ne pourront venir à vous que si vous décidez de les émettre vous-mêmes.

Moi : Attraction-répulsion…

L'Esprit : Oui mon fils. Traduisez-le avec les concepts qui vous parlent. Vous ne pouvez attirer que ce que vous émettez vous-mêmes, c'est une façon en effet de retenir le message : l'Amour étant énergie.

En réalité vous n'avez rien à mentaliser. Vous n'avez pas besoin de penser « attraction » pour émettre. Vous n'avez qu'à garder en vous, au plus profond de votre âme, la foi inébranlable selon laquelle tout ce que vous êtes avec sincérité et Amour véritable vous reviendra avec la même vibration et comblera vos vies de bonheur.

Ce que je veux dire par là c'est que vous ne devez pas chercher à attirer. Chercher à attirer est déjà une façon d'éloigner ce que vous cherchez à attirer car en cherchant à attirer vous envoyez le message selon lequel VOUS N'AVEZ PAS et donc selon lequel VOUS MANQUEZ.

Tu vois, nous sommes en plein dans le thème.

Celui qui se sait être n'a pas besoin de penser à attirer.

Il attire consciemment parce qu'il EST sincèrement Qui Il Est.

Voici cette leçon que tu t'enseignes à toi-même à travers ma lumière et que tu enseignes aux autres à travers la tienne.

Vous entretenez la croyance selon laquelle vous pouvez MANQUER de quelque chose car vous pensez qu'il ne peut y avoir assez pour tous, alors que peu importe qu'il y ait assez ou non pour tous : ce dont vous pensez manquer ne définit jamais qui vous êtes.

Alors la boucle est bouclée : SOYEZ et vous ne manquerez jamais de rien car même lorsque vous viendrez à « manquer », vous saurez que la possession que vous « n'avez pas » n'est pas utile à votre bonheur.

Vous serez alors entrés véritablement dans le Royaume de Dieu : Vous saurez que vous ÊTES et que donc vous ÊTES HEUREUX.

Car ce que vous ÊTES est unité parfaite avec le BONHEUR qu'est Dieu.

Vous aurez le sourire aux lèvres à chaque instant de conscience de votre vie car vous saurez que Dieu (et le Bonheur qu'Il EST) ne vous quittera jamais.

Vous saurez que ce BONHEUR est ETERNITE et que cette ETERNITE s'ouvre devant vous.

C'est ce qu'est le Royaume de Dieu mes enfants : une éternité d'Amour et de Bonheur à qui se sait consciente de n'être qu'UN avec ce bonheur.

Alors vous ne manquerez de rien car rien ne peut manquer à Dieu.

Il vous a déjà tout donné et vous êtes déjà tout ce qu'Il est Lui-même, des ÊTRES complets : complètement Amour, complètement Bonheur et complètement Lumière.

Moi : Merci L'Esprit.

La vie est parfois dure ici.

Mais aucune possession n'a jamais comblé pour moi un manque existentiel.

L'Esprit : La vie n'est pas dure. C'est ta façon de la voir.

Tu es en chemin, comme tous.

Mais il est clair qu'aucune possession ne crée chez toi un manque de te sentir exister.

27/03/2025 :

Moi : Salut l'Esprit.

Peux-tu m'expliquer ce qu'est la maladie ?

L'Esprit : Elle est la conséquence d'un non-alignement entre qui vous êtes et qui vous croyez être.

Lorsque votre ego met un filtre entre vous et votre âme, il vous empêche de savoir que votre âme c'est en réalité vous.

Je te dis ceci mon enfant: vous n'êtes jamais malades. Vous croyez l'être simplement. Et comme votre pouvoir de création est extrêmement puissant (il est tout le pouvoir de Dieu à l'intérieur de vous) alors ce que vous croyez être devient réalité.

Votre corps est le dernier support pour exprimer le mal-être lorsque vous taisez la voix de votre âme.

Moi: La loi de la correspondance (comme en haut, ici en bas…)

[ce qui apparaît sur le corps s'est déjà produit dans l'astral : le mal « précède » le symptôme corporel]

L'Esprit : Trouver la racine de vos maladies est la façon de les transmuter.

Les principes actifs de vos médicaments soignent les symptômes, il n'agissent pas sur la racine du mal-être.

Moi: Oui. Cela me fait penser à ceux qui disent que la maladie c'est « le mal a dit ».

L'Esprit : Tu le sais car tu sais que ceux que vous appelez les guérisseurs soignent l'âme en transmutant la cause et non en agissant sur les symptômes. Tu as pu le constater récemment et tu as déjà pu opérer toi-même en ce sens.

C'est par votre foi et votre Amour que vous guérissez.

Car lorsque vous agissez énergétiquement sur un « mal », avec Amour, c'est l'énergie de Dieu qui est à l'œuvre à travers vous.

Alors vous guérissez ce qui est (la conscience) avec ce qui est (l'énergie d'Amour) :

Vous ne mettez pas de l'illusion sur de l'illusion. Vous agissez sur la racine et non sur le symptôme.

Mais il peut arriver également que le « mal » revienne car il emprunte plusieurs autoroutes pour parvenir à un même résultat.

Ainsi, si vous avez mal au foie, vous pouvez dire que la colère vous ronge. Mais si après avoir guéri cette colère le mal revient, alors vous pouvez penser ne pas avoir guéri tandis que le mal que vous subissez a simplement une autre cause, une autre racine aboutissant pourtant à la constatation chez vous du même résultat: vous avez mal au foie.

Vos médicaments vont soigner la douleur sans rechercher la cause du mal-être.

Leur traitement est indifférencié.

Ils n'interviennent qu'en surface sans guérir les maux profonds de votre âme qui nécessitent un autre médicament plus universel.

Moi: l'Amour ?

Tu es en train de me dire qu'on peut soigner le mal par l'Amour.

L'Esprit: Parfaitement car l'Amour est énergie.

Le seul remède universel.

Moi: Tu vois l'Esprit, tu avais raison : c'est pour ça que je craignais d'écrire ce chapitre sur la maladie.

Je ne voulais pas que chacun croit qu'on puisse ou qu'on doive supprimer les médicaments.

L'Esprit: Bien sûr et ce n'est pas ce que je te dis.

Car :

1/ Vous avez votre libre arbitre et je ne juge pas vos méthodes ni votre médecine.

2/ Vous n'êtes pas à ce niveau de conscience de comprendre qu'on peut guérir totalement et autrement que par la chimie.

Alors vos médicaments et vos traitements ont une efficacité pour vous car vous croyez qu'ils en ont une et c'est très bien ainsi puisque c'est votre choix.

Ils ont en effet un principe actif biologiquement.

Mais ils sont comme vos sciences : vous êtes aux prémices de la compréhension des méthodes de guérison. L'illusion laissera place, progressivement, a des techniques moins invasives qui n'agissent pas que sur le corps et les symptômes mais également sur l'âme, sur vos corps subtils et surtout sur la racine de vos maux.

Tout ceci est déjà en place : votre monde connaît déjà, je veux dire actuellement, des personnes qui soignent par l'énergie.

Les méthodes sont à parfaire mais c'est une première prise de conscience de votre nature véritable car vous comprenez que vous n'êtes pas un corps physique. Alors vous étendez vos méthodes à vos prises de conscience. Elles s'élargissent au fur et à mesure que vous comprenez qui vous êtes.

Car comment avoir des méthodes de traitement qui agissent sur autre chose que votre corps physique si vous croyez vous identifier à votre corps physique ?

Au fur et mesure que vous comprendrez et intégrerez le fait que vous n'êtes pas du tout votre corps, vous comprendrez que vous n'avez jamais en réalité à agir sur votre corps car les racines de vos maux lui précèdent. Votre corps est le support sur lequel vos maux se manifestent.

Vous êtes comme des nettoyeurs qui essayent de faire disparaître les taches en surface alors que sans agir en profondeur sur les couches qui se trouvent en dessous, les taches finiront toujours par revenir et vous devrez les nettoyer plus fortement encore.

Moi : Notre médecine est superficielle ?

L'Esprit: Oui si elle n'agit que sur le corps physique.

Moi : Que devons-nous faire alors l'Esprit ?

L'Esprit : Je ne vous dirai jamais ce que vous devez faire.

Je vous inviterai simplement à être qui vous décidez d'être.

Patience et foi et vous finirez pas développer une compréhension plus profonde de la façon dont fonctionne vos consciences.

Apprenez à vous connaître pour pouvoir comprendre que vous disposez déjà de toutes les armes nécessaires à votre guérison.

Vous êtes les seuls à pouvoir vous guérir. Vos médicaments sont un outil qui ne se substitue pas à vos facultés innées de guérison.

Alors je te dis ceci: utilisez vos médicaments jusqu'à comprendre que vous pouvez les compléter par autre chose. Au fur et à mesure de vos évolutions de consciences, de votre connaissance de vous-mêmes et des mécanismes subtils vous permettant de guérir, vos médicaments feront comme tout le reste: ils disparaîtront progressivement au fur et à mesure que vous lèverez le voile de l'illusion.

Mais vous n'en êtes pas à ce stade de votre évolution.

Alors si tu craignais de moi que je te dise *« stoppez votre médecine et adoptez une médecine purement énergétique »*, tu vois ce n'est pas le cas.

Car vos molécules sont en réalité déjà énergie.

Tout est énergie tu le sais.

Dès lors, la notion de médecine énergétique n'a pas le sens que vous lui donnez.

Votre médecine actuelle est de ce point de vue énergétique car vos molécules naturelles ou de synthèse sont énergie.

La question est : savez-vous comment l'énergie fonctionne ? Savez-vous comment elle est générée, comment elle est dirigée et comment elle se manifeste ?

Ce sont ces prises de conscience qui vous dirigeront vers une meilleure compréhension du fonctionnement de qui vous êtes et donc de vos « maladies ».

Alors je te redis ceci: apprenez à vous connaître, à augmenter la connaissance et la compréhension que vous avez de vous-mêmes pour pouvoir être conscients du fonctionnement des énergies, pour avoir conscience de vos maux et des meilleures façons d'agir dessus.

Tout est lié mon fils: car vous continuez de croire qu'il suffit d'agir sur l'extérieur alors que ce que vous êtes se trouve à l'intérieur de vous-mêmes.

Cela prendra du « temps ».

Moi : Toujours le « temps de conscience » ?

L'Esprit : Oui fils.

Mais vous y arriverez, progressivement.

Moi : l'Esprit, j'ai oublié de te demander: les maladies sont-elles toujours volontaires ?

L'Esprit : Oui car elles ont toujours pour origine un non-alignement entre qui vous êtes et qui vous croyez être.

Alors même si vous ne souhaitez pas vos maladies, inconsciemment vous êtes les seuls à les avoir créées.

Moi: Tu vas me répondre oui mais existe-t-il des maladies volontaires qui sont choisies dans un parcours d'âme ?

L'Esprit : Alors je te répondrai oui *[il sourit]*.

En effet, c'est possible, en fonction de ce que vos âmes ont décidé d'expérimenter dans leur vie. Toujours à des fins d'évolution.

Mais retenez ceci: la maladie est une dissonance entre vous et le faux-vous (l'ego). Et cette dissonance résulte de vos choix, de votre libre arbitre, de la façon dont vous créez ou non les maux qui vous rongent.

Car au fond, dans un cas comme dans l'autre, les deux résultent du libre arbitre : choix d'incarnation ou choix de dissonance : c'est toujours vous qui choisissez un chemin d'expérimentation de la non-santé et donc du mal-être.

Car ce que vous êtes à l'état pur c'est la santé. La santé est synonyme de bonheur et de bien-être. Elle est la lumière divine en vous.

À chaque fois que vous n'êtes pas en bonne santé c'est que vous avez fait un choix (nécessairement volontaire donc) de non-alignement ou d'expérimentation de ce que vous n'êtes pas pour pouvoir mieux comprendre ce que vous êtes.

Moi: Tu t'en sors bien l'Esprit.

L'Esprit : Je ne m'en sors pas bien, je t'explique, au fond, des choses que tu sais déjà.

Mais l'idée que la maladie se soigne sur le corps est une croyance si ancrée en vous, comme de nombreuses autres illusions, qu'il est nécessaire de jeter une première pierre afin de diriger vos choix conscients vers une nouvelle façon de voir les choses.

Moi: Une petite graine plantée dans nos consciences qui germera plus tard…

L'Esprit : *[Il sourit]* Parfaitement fils.

Nous en avons assez dit pour ce premier tour de piste sur cette thématique.

Je termine juste par ceci: tout se soigne par l'Amour, seul médicament universel à vos maux car l'Amour est l'énergie fondamentale qui donne naissance à toutes les autres, lesquelles proviennent donc nécessairement de l'énergie UNE.

Alors, quand vous aurez une meilleure connaissance de vous-mêmes et donc de l'Amour, vous pourrez utiliser des méthodes énergétiques qui ne sont qu'au début de leur développement dans votre monde actuel, à l'heure à laquelle tu vis.

Vous finirez par le découvrir car tout existe déjà.

Vous ne ferez donc que dé-couvrir que vous avez déjà en vous toute l'énergie nécessaire à votre guérison.

Alors, ici ou dans d'autre lignes temporelles, tu finiras toi-même par rire en te souvenant de mes paroles qui disaient que l'Amour guérit tout et est la seule chose qui puisse guérir quoi que ce soit car l'Amour est tout simplement la seule chose qui existe, ce que vous découvrirez lorsque toutes vos illusions (y compris celle de la maladie) auront disparues.

Alors vous comprendrez que tout ce qui est Amour pur ne peut être qu'en bonne santé, en état de vie, vibrante et consciente.

Moi : Je te remercie l'esprit

L'Esprit: A ton service fils.

28/03/2025 :

Moi : Bonjour l'Esprit

L'Esprit : Bonjour fils.

Moi : L'Esprit, peux-tu m'expliquer ce qu'est le jugement ?

L'Esprit : C'est porter un avis (sur autrui ou vous-mêmes) avec votre ego.

Moi : Est-ce nécessairement un avis négatif ?

L'Esprit : Pas nécessairement. Mais ce n'est en tout cas pas un avis « juste » si par juste vous entendez juste selon votre cœur. Le jugement n'est pas un avis vrai sur la personne jugée car cet avis provient de vous [votre ego]. Il est donc subjectif. Malgré ce, il devient vrai s'il provient vraiment de qui vous êtes. Et qui vous êtes vraiment ne se permettrait jamais de juger l'un de vos semblables car l'Amour ne se juge pas lui-même. Il se sait être. Il est toujours bienveillant et compréhensif avec ce qui est / ceux qui sont.

Celui qui juge les autres se juge lui-même. Le jugement est toujours une forme de manque d'Amour. Celui qui aime sans condition sait que l'Amour est incompatible avec le jugement. On ne corrige pas par le jugement, on ne permet pas à celui qu'on juge d'évoluer. Ce faisant, on ne se permet pas soi-même d'évoluer non plus en étant dans la position de celui qui juge. Le jugement n'est pas la justice. Il l'est peut-être pour vous mais cette justice est égoïque. Et n'y vois pas là un jugement *[il rit]*, elle est ainsi [justice égoïque]. Tu vois, je ne la juge pas. La justice divine est d'agir conformément à votre cœur. Et agir avec votre cœur ne laisse pas place au jugement.

Chez L'Amour (et donc chez Dieu), le jugement est illusoire.

Le jugement n'existe qu'à travers l'ego.

Moi : Merci l'Esprit, tu as dit beaucoup de choses en condensé dans ces phrases et je pressens que tout est très important. Je ne le « juge » pas important, je sais qu'il l'est.

L'Esprit : Très drôle. Parfaitement l'ami.

Commençons par le commencement : par définition, le jugement n'est pas une marque d'Amour puisqu'il est une illusion de l'ego.

Ce faisant, avant même d'en comprendre les implications, essayez d'être conscient lorsque vous portez un jugement et dites-vous que ce jugement ne provient pas de votre étincelle divine.

Rappelez-vous que l'Amour ne juge jamais.

Ce faisant, rappelez-vous toujours qu'en jugeant vous faites intervenir votre faux-vous, celui que vous croyez être (l'ego), vous ne faites jamais parler votre âme.

Moi : Merci l'Esprit. C'est en effet un bon moyen de reconnaissance.

Comment aller plus loin ? Je veux dire, comment savoir que l'on juge avec notre ego ?

L'Esprit : Ne savez-vous pas faire la différence entre l'ego et l'intention sincère et véritable ?

Moi : N'est-ce pas l'objet de cette discussion avec toi ?

L'Esprit : Tu exagères en me testant, et n'y vois pas là un « jugement » *[il sourit].*

Je vous donne une piste : très souvent, lorsque vous jugez vous PRE-JUGEZ.

Ce n'est pas totalement exact mais cela vous donnera une bonne piste pour progresser.

« Pré-juger » comme son nom l'indique veut dire « juger AVANT ».

Avant quoi ?

Moi : Avant de connaître…

L'Esprit : Parfaitement.

Alors pensez-vous qu'émettre un avis sur autrui AVANT DE LE CONNAÎTRE est un signe d'expression de votre moi divin ?

Moi : Effectivement l'Esprit, ça ne l'est pas du tout.

L'Esprit : Ainsi vous pourrez identifier le jugement. Car dans votre monde, il est très souvent préjugement.

Lorsque vous observez les gens dans la rue, ne vous êtes-vous jamais dit : *« oh, celui-ci a l'air bien mou, celle-ci semble bien maladroite »* …?.

Lorsque vous rencontrez quelqu'un pour la première fois, n'avez-vous jamais eu d'apriori sur cette personne qui se sont révélés faux par la suite ?

Dans un sens comme dans l'autre d'ailleurs car je te dis ceci : **le jugement peut être NEGATIF comme il peut être POSITIF.**

Idolâtrer quelqu'un pour se rendre compte au final qu'il ne possédait pas les qualités que vous lui prêtiez est une forme de jugement. Certes, dans ce cas, le « pré-jugement » (et donc le préjugé) est POSITIF mais il n'en reste pas moins un préjugé : car vous avez analysé avec votre ego, vous avez cédé à sa manipulation.

Moi : Très juste l'Esprit et je te remercie vraiment.

Mais il est toujours difficile de cerner parfaitement le jugement de ce qui ne l'est pas.

L'Esprit : Si tu penses ceci c'est que tu penses avec ton mental.

Dans le Royaume de Dieu il n'y a rien à cerner mon fils. Vous n'avez pas à mentaliser.

Celui qui n'est pas dans le jugement ne pense pas à juger car le jugement n'est pas un concept compatible avec qui Il Est.

Celui qui est dans l'Amour, qui suit la voie christique, comprend que juger l'autre n'est pas lui témoigner l'Amour inconditionnel réservé à tous.

Si l'Amour inconditionnel jugeait, il ne serait pas Amour inconditionnel.

Néanmoins et comme je sais que tu as le souci de la praticité, je vous donne la clé suivante pour reconnaître le jugement : **VOUS POUVEZ RECONNAITRE LE JUGEMENT PAR SES EFFETS, A DEFAUT DE POUVOIR (OU SAVOIR) L'IDENTIFIER PAR SA NATURE.**

« Quels sont donc les effets du jugement ? » tu me diras.

Je vais te répondre.

Moi : Tu parles à ma place l'Esprit.

Mais oui, j'attends en effet ta réponse.

L'Esprit : Le jugement ne permet pas à celui qui est jugé d'évoluer vers une meilleure compréhension de lui-même. C'est ainsi que vous comprendrez qu'il n'est jamais révélateur d'Amour chez celui vers qui vous émettez le jugement.

Je te donne deux exemples : un facile et un autre plus subtil.

Commençons par le facile : si vous dites à quelqu'un : *« Tu es nul en danse, tu n'y arriveras jamais ».*

Est-ce un jugement ?

Moi : Oui.

L'Esprit : Pourquoi ?

Moi : Car en disant cela j'émets un avis (négatif en l'occurrence) sur quelqu'un, un avis qui provient de mon ego, sans vibration d'Amour.

L'Esprit : Mais encore ?

Moi : En disant cela, je ne permettrai jamais à celui qui reçoit mes paroles d'évoluer sur son chemin de conscience.

L'Esprit : Parfaitement.

Non seulement et tu l'as dit, la vibration d'Amour est basse. Mais en plus, on reconnaît le jugement à ses effets « involutifs » chez la personne vers qui vous l'émettez.

En disant à quelqu'un qu'il est nul, vous ne lui permettez pas de révéler à son tour l'Amour qui est en lui car « au pire », cette personne se mettra à pleurer ou à vous haïr d'avoir dit cela. « Au mieux », si elle est suffisamment forte pour le penser, elle restera indifférente à votre propos mais en aucun cas votre propos ne lui aura permis de saisir une vibration d'Amour (pour le coup inexistante ou très basse) pour en refaire quelque chose derrière et ce « quelque chose derrière » c'est distribuer à nouveau l'Amour.

Je te l'ai dit dans *« Enseignement spirituel par canalisation [Tome 1] »,* le partage est une magnifique manifestation de l'Amour. En jugeant, vous rompez les liens énergétiques du partage car vous verrouillez le coefficient multiplicateur de l'Amour.

Moi : Merci l'Esprit, c'est en effet plutôt très clair.

L'Esprit : Tant mieux alors.

Moi : Quid de l'exemple n°2 ?

L'Esprit : Le voici : si vous dites à quelqu'un *:* *« Si j'étais toi, je ne ferai pas cela ».*

Etes-vous dans le jugement ?

Moi : Plus subtil en effet.

Oui car nous n'avons pas à dire ou à ne pas dire ce que cette personne doit faire.

L'Esprit : C'est en effet une partie de la réponse.

L'autre partie, liée en effet à la tienne, est de remarquer qu'en disant ceci la volonté d'Amour de celui qui prononce ces paroles est absente car elle n'a pas pour EFFET de permettre à celui qui reçoit le jugement de distribuer de l'Amour à partir du flux énergétique qui lui a été envoyé.

En clair, la personne à qui vous dites cela n'a rien à diffuser (comme Amour) sur cette base puisque vous ne lui en avez pas envoyé. De la même façon que tout à l'heure donc (même si à moindre mesure) vous verrouillez tout de même le facteur multiplicateur de l'Amour. Il n'y a aucun partage car il ne peut y avoir de partage sans Amour.

A l'inverse, si vous aviez dit : *« Ce que tu t'apprêtes à faire me semble avoir certaines conséquences, souhaites-tu que nous regardions ensemble quelle action serait la plus bénéfique pour toi ? »*, cela aurait été tout autre chose.

Les mots mêmes de cette phrase, certes plus compliquée, dénote une volonté de partage de celui qui émet le flux vibratoire envers la personne « jugée ».

En conséquence, il ne s'agit plus d'un jugement car l'Amour s'est dégagé de l'offre proposée. Dans cet exemple, le « juge » devient la personne « aidante » et le « jugé » la personne « aidée ». Nous sommes passés du jugement à l'aide. Nous avons donc quitté l'illusion de l'ego pour entrer dans la joie du partage.

En proposant votre aide à cette personne, il y a de fortes chances que cette personne vous propose son aide en retour. De l'aide, nait alors l'entre-aide. De l'Amour naît le partage.

Au revoir au jugement.

Moi : Je te trouve bien pédagogue aujourd'hui l'Esprit.

Et c'est très bien ainsi.

L'Esprit : J'essaye en effet de vous le monter par des mots simples car vous voyez mes enfants, les réalités de ce que vous êtes sont très simples. Ce sont vos egos respectifs qui les compliquent.

L'Amour n'est pas quelque chose de compliqué.

L'Amour est instinctif, et même intuitif.

Il est en vous. Vous n'avez pas besoin de réfléchir à comment le donner.

Vous le savez déjà.

Vous avez en revanche à vous déprogrammer des illusions de l'ego (et en l'occurrence ici de celle du jugement) pour voir à quel point vous pouvez toucher aux merveilles de Qui Vous Êtes en donnant et en recevant à votre tour.

Moi : Merci l'Esprit.

Le jugement est donc un avis (positif ou négatif) provenant de l'ego. Il n'est jamais accompagné d'Amour et est identifiable par ses effets involutifs chez la personne qui « subit » le jugement. Il rompt la chaîne de l'Amour car il rompt la chaîne du partage. Il ne permet pas à la personne jugée de se connaître et de s'aimer car il est lui-même une méconnaissance de celui qui juge sur Qui Est Vraiment la personne jugée. Il est donc bien souvent pré-jugé.

L'Esprit : Voilà un très bon résumé fils, je te félicite.

Nous allons alors ajouter un nouveau point à la définition : le jugement est involutif pour la personne jugé et il est également involutif pour la personne qui juge.

Car je te l'ai dit au début de ce chapitre lorsque tu me demandais la définition du jugement : le jugement ne permet pas à la personne jugé d'évoluer (par manque d'Amour) mais il est doublement involutif car celui qui n'envoie pas l'Amour permettant l'évolution d'autrui, il ne peut en recevoir lui-même.

Ce que vous appelez « la loi d'attraction » est ainsi faite que l'on émet ce qu'on est et qu'on reçoit ce qu'on envoie.

En émettant « jugement », vous risquez donc de recevoir « jugement » à votre tour.

Si vous dites à quelqu'un qu'il est nul, cette personne n'aura pas un apriori positif sur vous. Elle vous pré-jugera probablement à son tour. Car vous étiez peut-être en colère ou vos mots ont peut-être dépassé votre pensée…, mais cette personne risquera de penser que vous êtes haineux, que vous êtes une mauvaise personne.

Or, si vous proposez votre aide ou avez une intention bienveillante pour tenter de comprendre la parole ou le comportement de celui que vous vous apprêtiez à juger, vous remarquerez que votre démarche de bienveillance calmera le jeu d'entrée. Il y a très peu de chances que vous ne parveniez pas à recevoir de la douceur ou ne serait-ce que de l'écoute de la personne que vous vous apprêtiez à juger si vous transformez le jugement en écoute et partage.

En jugeant, vous rompez toute communication : celle de la parole et celle de l'Amour.

En proposant sincèrement votre aide et votre compréhension, avec bienveillance, vous ouvrez le chemin du partage en quittant celui du jugement.

Et puisqu'autrui n'est jamais qu'une autre version de vous-mêmes, les lois spirituelles (dont celle de l'attraction) sont ainsi faites qu'en jugeant autrui, vous vous jugez en réalité vous-mêmes car ce que l'autre est, vous l'avez été à un moment donné, en « bien » comme en « mal ».

Plus votre niveau de conscience augmentera et plus vous comprendrez que le jugement est toujours une forme d'intolérance.

Je te renvoie alors (et je vous renvoie tous) au chapitre sur la TOLERANCE dans « *Enseignement spirituel par canalisation [Tome 1]* ».

Qui tolère ne juge pas.

Tolérer ne veut pas dire cautionner.

Tolérer veut dire accepter que l'autre n'en soit pas à un même niveau d'évolution que vous.

L'autre mérite pourtant et parfaitement votre Amour.

Jugeriez-vous un élève de CP s'il ne parvenait pas à résoudre une équation à 3 inconnues ?

Je vous dis ceci mes enfants : CELUI QUI AIME NE PEUT JUGER. CELUI QUI AIME NE PEUT QUE TOLERER.

CELUI QUI AIME SAIT QU'IL N'EXISTE PAS D'ERREUR.

CELUI QUI AIME SAIT QU'IL N'EXISTE QU'APPRENTISSAGE et EVOLUTION DANS LA CONNAISSANCE DE SOI-MÊME ET DANS LA CONNAISSANCE DE L'AMOUR.

En vous abstenant d'émettre un jugement, vous permettez à l'Amour et à la tolérance de circuler. Vous devenez un vecteur, une lumière pour l'évolution des consciences.

CELUI QUI AIME AIDE LES AUTRES A SAVOIR AIMER.

CELUI QUI AIME AIDE LES AUTRES A APPRENDRE A S'AIMER EUX-MÊMES.

CELUI QUI AIME S'AIME SUFFISAMMENT POUR POUVOIR AIMER LES AUTRES.

CELUI QUI JUGE NE PEUT ENVOYER DE L'AMOUR AUX AUTRES CAR IL NE PEUT EMETTRE CE QU'IL PENSE NE PAS AVOIR EN LUI.

CELUI QUI JUGE NE S'AIME PAS.

ALORS CELUI QUI JUGE NE PEUT AIMER LES AUTRES.

MAIS LORSQUE CELUI QUI JUGE COMPREND QU'EN S'ABSTENANT DE JUGER IL AIDE LES AUTRES A S'AIMER EUX-MÊMES, CELUI QUI JUGE FINIT PAR S'AIMER LUI-MÊME CAR AIDER LES AUTRES LUI AURA PERMIS DE GUERIR LUI-MÊME, GRÂCE A L'AMOUR QU'IL A SU EMETTRE ET RECOLTER DE CEUX QUI, APRES AVOIR ETE AIDES, LUI ONT RENVOYE SON AMOUR.

Moi : Merci l'Esprit, c'est magnifique.

L'Esprit : C'est ainsi que parle l'Amour.

C'est très simple.

Vous essayez de le comprendre mais vois comme tout ceci est intuitif. Et je te félicite, tu l'as écrit sans réfléchir.

Relis-le et tout prendra son sens, pour toi et pour vous tous.

Si ceci vibre en vous c'est que vos consciences sont prêtes à déconstruire l'illusion du jugement.

Faites-le, progressivement, chaque jour, et je serai toujours avec vous pour vous propulser dans votre déprogrammation.

Séance 17 – La condamnation – Méthode de déconstruction des illusions de l'ego

30/03/2025 :

Moi : Bonjour L'esprit

Peux-tu me / nous expliquer ce qu'est la condamnation ?

L'Esprit : C'est la mise en application de vos jugements. Nous pouvons voir les choses ainsi.

Non contents de juger, vous allez alors jusqu'à condamner ceux que vous jugez car leurs paroles ou comportements ne correspondent pas à vos attentes.

Le jugement précède donc toujours la condamnation. La seconde étant un effet du premier.

Moi : Merci L'Esprit.

On va donc « un cran au-dessus » en condamnant ceux/celles qu'on juge.

L'Esprit : C'est une façon de voir les choses et de ce point de vue oui, vous allez « un cran au-dessus ».

Moi : Peut-on juger sans condamner ?

L'Esprit : Vous le pouvez. Mais en général, l'illusion (et donc l'ego) vous pousse à aller jusqu'au bout de cette logique consistant à « naturellement » condamner la personne que vous venez de juger.

Je mets « naturellement » entre guillemets car tu le sais, ni le jugement ni la condamnation ne sont quelque chose de naturel.

Ce qui est naturel provient de votre Nature.

Ce que vous êtes naturellement, par essence, est Amour.

L'Amour ne juge ni ne condamne.

Il ne connaît pas ces illusions.

Ces illusions sont celles du programme implanté en vous, que vous appelez l'ego et que nous avons évoqué à de maintes reprises tout au long de cette discussion, à travers chaque illusion.

Toutes vos illusions proviennent d'une seule. Nous allons le voir l'ami dans le dernier chapitre de ce Tome 2 dédié à la GRANDE ILLUSION, celle de croire que vous êtes séparés de Dieu.

Elle est à l'origine de toutes les autres.

Si on fait le lien entre la GRANDE ILLUSION et l'illusion de condamnation, voici ce que je te dis et que je vous dis à tous: vous avez construit un Dieu de toutes pièces, un Dieu humain que vous avez forgé à votre image. Vous vous permettez donc de condamner les autres (et de vous condamner vous-mêmes nous y reviendrons) car vous pensez que Dieu condamne Lui-même. Or, ce Dieu est construit par vous seuls : il est votre création relative que vous identifiez au Dieu absolu. Si vous saviez ce qu'est l'Amour inconditionnel vous comprendriez, sans même avoir à y réfléchir, que l'Amour ne peut condamner, en aucun cas et à aucun instant. Dieu étant l'Amour, il ne juge pas et ne condamne pas.

Vous avez donc forgé un Dieu à votre image sans savoir que c'est Dieu qui vous a forgé à la sienne: vous êtes donc le miroir de l'Amour de Dieu alors que vous croyez que Dieu est le miroir de vos propres illusions (dont celle de la condamnation fait partie).

En condamnant, vous donnez le pouvoir à l'ego de matérialiser dans votre réalité le propre jugement qu'il a fait naître dans vos pensées.

Voilà pourquoi vous allez « un cran au-dessus » car vous densifiez votre création.

Condamner revient donc à mettre en exécution un jugement.

Moi: Oui c'est ni plus ni moins ce que nous faisons avec notre système de jugement, nos institutions qui nous servent à rendre ce que nous appelons la « justice »: nous mettons en exécution nos jugements, nous condamnons donc.

L'Esprit: Parlons-en en effet et tu es bien placé pour le savoir, c'est un domaine que tu connais bien.

En premier lieu, je vous précise avant les développements que nous allons faire ici que je ne porte pas de jugement sur votre système juridictionnel ni sur votre façon de rendre la justice.

Votre justice est humaine. Elle n'est pas divine. Elle repose donc sur le jugement et ce faisant, vos condamnations sont la résultante de vos jugements.

Moi: Je vois où tu veux en venir l'Esprit mais nous sommes « obligés » de condamner les comportements qui sont nuisibles pour l'équilibre de la société toute entière.

L'Esprit: Tu viens de mettre toi-même « obligés » entre guillemets car encore une fois vous n'êtes obligés de rien.

Vous vous croyez obligés d'être obligés de juger puis de condamner, illusion après illusion et illusion sur illusion.

Au départ, vous condamniez un meurtre par le retrait de la vie de celui qui a retiré celle d'autrui puis vous avez « humanisé » vos condamnations en emprisonnant ceux qui tuent.

Privation de vie puis privation de liberté.

Ce que je vais te dire risque de te choquer mais aucune de ces deux solutions n'est meilleure l'une par rapport à l'autre si votre objectif est d'évoluer en conscience.

La condamnation n'est pas une solution évolutive car qu'elle agisse sur la vie ou la liberté, elle freine dans les deux cas l'évolution.

Vos âmes doivent comprendre pour évoluer, elles doivent prendre conscience en validant certaines expériences.

Si la condamnation fait partie de l'expérience cela peut être un choix de l'âme d'expérimenter le non-amour à travers la condamnation.

Si en revanche la condamnation ne fait pas partie du programme de l'âme, elle l'empêchera de pouvoir accomplir ses choix d'évolution.

Car qu'apprend celui qui est condamné ?

Moi: Le repentir ? La volonté de s'améliorer ? N'est-ce pas là l'Esprit un (ou plusieurs) axe d'évolution ?

L'Esprit: Vous le pensez mais la plupart du temps cela ne se passe pas ainsi. Ceux que vous condamnez ne trouvent pas toujours la force nécessaire pour transcender leur expérience et retrouver leur connexion à Dieu.

La condamnation est un flux de conscience de basse vibration qui ne sert que très difficilement de tremplin pour l'Amour.

D'un point de vue spirituel, vous aideriez beaucoup plus l'évolution de celui dont le comportement ne correspond pas à vos attentes sociales en agissant sur sa conscience, ce qui implique qu'avant même de condamner vous n'ayez pas jugé.

Moi : Ok l'Esprit, je comprends. En effet, visiblement, si on ne juge pas on ne condamne pas car tu l'as dit toi-même, la condamnation est une conséquence du jugement ou plutôt une mise en application de celui-ci.

Mais concrètement l'Esprit, comment ne pas juger (et donc condamner) un tueur en série ? Comment opérer un redressement de la conscience envers ceux dont les comportements sont les plus dangereux pour nos sociétés ?

L'Esprit: Tu parles de redresser mais rien n'est à redresser. En tant que guides de lumière, vous montrez le chemin, vous ne redressez pas. Les prises de conscience doivent venir de l'intérieur et non d'un redressement extérieur à celui qui fait ce que vous appelez « le mal ».

Tu aimerais que j'apporte une solution concrète à vos « problèmes » de jugement, de condamnation et à votre système juridictionnel tout entier alors que c'est la notion même de justice qui est en cause.

Votre justice est nécessairement humaine (donc non divine) car vous évoluez dans un monde dual.

Si votre justice était divine, elle ignorerait totalement le jugement et la condamnation car l'Amour inconditionnel ne connaît pas ces concepts.

C'est précisément pour révéler votre divinité que vous vous êtes incarnés sur Terre.

C'est donc pour faire évoluer votre justice humaine vers une version toujours plus proche de la justice divine.

Il ne s'agit donc pas, par un coup de baguette magique, de supprimer totalement le jugement et la condamnation de vos systèmes actuels qui sont la manifestation de vos états de conscience actuels.

Vous êtes trop pressés et vous aimeriez évoluer d'un coup alors que vous êtes encore loin de comprendre ce qu'est l'Amour inconditionnel.

Mais les avancées sont importantes.

Il ne s'agit donc pas de supprimer le jugement ni la condamnation d'un seul coup net et précis comme on retirerait une tumeur d'un organe, par une incision chirurgicale.

Car si vous n'agissez pas sur vos consciences, la tumeur reviendra sous une forme ou une autre.

Pour faire disparaître le jugement et la condamnation de vos systèmes, il faut agir sur vos consciences. Vos règles sociales et vos législations n'y feront rien, ou en tout cas rien en profondeur. Si vous pensez que l'on peut supprimer une cause interne en agissant sur l'extérieur, vous ne ferez que comme le chirurgien qui coupe une partie de l'organe malade avec le risque de voir à nouveau se propager la maladie, tôt ou tard.

Alors je vous demande ceci mes enfants (car vos consciences sont prêtes à le mettre en œuvre): choisissez d'abord, en toute conscience, d'identifier la source de vos illusions avant de chercher à agir dessus.

Respectez cette méthode si vous souhaitez évoluer en conscience et manifester le changement que vous souhaitez voir dans votre monde.

Pour ce qui concerne la condamnation, cherchez donc d'abord à comprendre qui elle est. Car comment voulez-vous agir sur ce que vous ne connaissez pas ou sur ce que vous pensez être vous (alors que vous n'êtes qu'amour, que vous n'êtes que lumière qui s'ignore) ?

Cette méthode est valable pour toutes les illusions :

1/ Visualisez d'abord qu'elles sont des illusions. Prenez conscience par exemple avant de juger (et donc avant de condamner) que ce jugement n'est pas qui vous êtes car l'Amour n'agirait pas ainsi. Demandez-vous toujours ce que ferait l'Amour.

2/ Faites un travail sur vos consciences, au quotidien, et permettez-vous, à chaque fois que vous identifierez l'illusion, à chaque fois par exemple que vous saurez consciemment que vous êtes sur le point de juger ou de condamner, de rechercher en vous la force et la lumière de penser, de parler et d'agir en conformité avec celui que vous ressentez être, par opposition à l'illusion que vous venez d'identifier.

3/ Pour pouvoir faire ce travail cité en 2, vous devez vous placer dans le « **temps de conscience** » que nous n'avons cessé d'évoquer tout au long de cette discussion.

Pourquoi d'après toi ?

Moi: Car le temps de conscience est le seul qui échappe à l'ego. Il est le temps éternel de notre âme. Alors, en se plaçant dans le temps de l'âme, le seul temps qui soit, nous créerons pour nos consciences un bouclier imperméable aux tentatives de manipulations de l'ego, lequel ego ne peut survivre dans le temps de conscience. Dans le temps de conscience, l'éternel instant présent de l'âme, l'ego ne peut que rester ce qu'il est vraiment: l'outil de l'âme. Alors tomberont tous les voiles de l'illusion qui nous empêchent de devenir qui nous sommes vraiment.

L'Esprit : C'est parfait. Vois comme notre voix est UNE mon enfant. Ainsi parle l'Amour.

Pour pouvoir vous placer dans le temps de conscience, vous devrez trouver vos propres méthodes pour le faire: la médiation, la marche en pleine nature, la musique... Tous les moyens sont bons car il n'existe aucun endroit ni aucun temps ni aucune situation dans votre monde qui ne vous permette d'écouter ou de percevoir la voix de Dieu. Dieu est présent partout où vous déciderez de Le voir. Il existe donc une infinité de méthodes, propres à vous-mêmes (dont celles que je viens de citer ne sont que des exemples) pour vous placer dans le temps de conscience, le temps de Dieu.

Plus vous le ferez et plus vous gagnerez en habilité, plus le faire vous paraître naturel.

Si je reprends l'exemple de la méditation (qui encore une fois n'est qu'une méthode parmi d'autres pour faciliter votre accès au temps de conscience), méditez au départ 10 minutes par jour, puis 20, puis 30, puis une heure. Alternez les méthodes: marcher en pleine nature…

Dès lors que vous aurez augmenté votre capacité à créer chez vous les conditions qui vous permettent de vous centrer de plus en plus facilement sur le temps de conscience, vous rendrez les tentatives de manipulation de l'ego plus difficiles car il ne peut résister au temps de conscience qui est un monde, une dimension impénétrable pour lui.

Vous mettrez ainsi des bâtons dans les roues de l'ego.

Ainsi, temps de conscience + identification consciente d'une amorce de manifestation d'une illusion de l'ego quelle qu'elle soit (besoin, obligation, manque, jugement, condamnation, supériorité…) vous mettront dans les conditions les plus favorables pour faire jaillir de votre être un rayon pur de conscience auquel l'ego ne résistera pas.

Ce travail de conscience, via les 3 étapes explicitées ci-dessus (dont l'étape 3 se superpose en réalité à l'étape 2), devra être quotidien mes enfants.

L'alignement avec qui vous êtes en vue de la manifestation de qui vous êtes dans votre monde nécessite **PATIENCE** et **DISCIPLINE.**

Mais dès lors que vous entreprendrez sincèrement ce travail, vous constaterez de vous-mêmes que notre présence à vos côtés se fera de plus en plus forte car l'augmentation de vos vibrations de conscience ne rendra que plus perceptible l'aide que nous vous apportons au quotidien qui vous parviendra en flux de lumière pour vos consciences.

Pour en revenir à l'illusion de condamnation, la déconstruire fait appel aux mêmes principes et mécanismes que pour toutes les autres illusions déjà étudiées :

VOUS NE POUVEZ DECONSTRUIRE UNE ILLUSION EN AGISSANT DE L'EXTERIEUR.

TOUT CHANGEMENT NE PEUT PROVENIR QUE DE VOS CONSCIENCES ET DONC DE L'INTERIEUR.

Ainsi, aucune de vos lois, de vos législations ou de vos normes sociales de manière générale ne pourront mettre fin à l'illusion de condamnation si vous n'agissez pas sur vos consciences.

Être plus répressif par exemple n'améliorera pas votre monde si vos consciences restent sur le même niveau d'évolution.

N'oubliez jamais que votre monde est une création collective qui est la manifestation visible de vos consciences. Tout changement du monde ne peut donc provenir que d'un changement de vos consciences, je l'ai déjà dit dans le Tome 1. C'est une règle immuable.

Il existe des peuples, dans d'autres lignes d'espace-temps que la vôtre, qui n'ont pas besoin de lois / de législations pour vivre en harmonie car ils ont su déconstruire les illusions du jugement et de la condamnation.

Chacun de ces êtres sait qu'en jugeant l'autre et en condamnant l'autre, il se condamne lui-même et il condamne son propre peuple.

Lorsque chacun agit en conformité avec qui il est vraiment, nul besoin de lois pour réglementer la vie puisque la Vie contient en elle-même ses propres règles d'auto-régulation.

Ces peuples hautement évolués que j'évoque avec toi ce sont vous, dans d'autre lignes de temps.

Rappelez-vous : nous sommes UN.

Ce qu'ils sont, vous finirez par l'être aussi.

Pour pouvoir le devenir, nous n'imposerons jamais la contrainte, ni le jugement, ni la condamnation, faute de quoi vous ne sauriez y parvenir.

Votre libre arbitre et donc l'Amour libre est la clé de l'ouverture de vos consciences.

Moi: Merci l'Esprit. Merci beaucoup. Et merci pour ta méthode de déconstruction des illusions de l'ego.

L'Esprit: Vous en avez tous « besoin » et je sais que vous l'utiliserez à bon escient.

31/03/2025 :

Moi : Bonjour l'Esprit.

L'Esprit : Bonjour mon fils.

Moi : Voici la phrase de ce matin alors que je marchais dans la rue, elle m'est apparue de façon très précise :

« Si tu veux être en paix avec le monde, commence par être en paix avec toi-même ».

Merci déjà car je sais que c'est toi qui me l'as envoyée.

Quel rapport avec la souffrance l'Esprit ?

L'Esprit : Car vous êtes les créateurs de vos propres tourments mes enfants.

Vous êtes coincés dans un labyrinthe et cherchez désespérément la sortie en essayant de trouver un point extérieur qui vous guidera vers elle.

Quand comprendrez-vous que votre monde ne pourra changer que si vous changez de l'intérieur ?

Aussitôt que vous retrouverez votre paix intérieure (et cela se fera progressivement), vous déconstruirez le labyrinthe de vos pensées tourmentées. Il s'évaporera de lui-même comme une illusion qui s'envole en fumée.

[je n'ai pas trouvé d'autres mots, je visualisais un labyrinthe se consumant, s'évaporant comme un gaz qui s'envole vers le ciel].

Alors vous comprendrez que vous seuls aviez construit le labyrinthe de votre souffrance.

Car il n'existait aucune sortie que vous ne puissiez trouver en dehors de vous-mêmes.

Je te l'ai dit il y a déjà plusieurs mois : « *l'âme ne recherche par la souffrance* ».

Ce sont vos illusions qui la génèrent et elles seules.

Vos illusions sont vos créations de souffrance.

Aucune illusion ne vous procurera la paix de votre être.

Absolument toutes sont génératrices de souffrances.

Cessez par exemple de croire que la possession vous rendra heureux. Être plus riche ne vous rendra que plus riche mais cette richesse, cette compilation de possessions, ne comblera jamais le vide intérieur créé par vos illusions.

Mon souhait est que vous arrêtiez de vous tourmenter, que vous arrêtiez de souffrir, par Amour infini que j'ai pour vous.

Mais tu le sais : je ne peux que vous montrer le chemin, en bon guide de lumière que je suis.

Tu ne peux de la même façon toi aussi que montrer le chemin, en bon guide de lumière que tu es.

C'est l'objectif de ce livre : vous permettre d'identifier avant tout les illusions de l'ego car vous ne pouvez agir sur ce que vous ne comprenez pas.

Pour identifier les illusions, vous devez déjà conscientiser qu'elles sont illusions. Vous devez donc placer votre conscience en dehors des illusions pour comprendre qu'elles sont illusions.

Si vous le faites, vous aurez déjà fait une bonne partie du chemin car le travail sur les illusions sera ensuite QUOTIDIEN mais le déclencheur aura été de les identifier et de comprendre qu'elles ne sont pas Vous.

Vous ne pouvez guérir un « mal » sans comprendre comment il a été généré.

Agir sur les symptômes ne fait que repousser le « mal » à plus tard, je vous le dis et vous le redis, pour votre « bien ».

Ce livre n'a pas la prétention de l'exhaustivité mais nous avons désormais balayé nombres d'illusions ensemble, et je te remercie d'avoir fait le choix de m'accompagner dans ce projet, de t'accompagner toi-même dans ce qui te tenait à cœur pour cette ouverture de conscience.

Nous avons vu les illusions les plus importantes, les plus « grossières ». Toutes les autres sont des sous-illusions de celles présentes dans ce livre, et toutes les illusions proviennent elles-mêmes de la peur. La peur pourra être balayée si vous suivez ma guidance et si vous comprenez que la déconstruction de la GRANDE ILLUSION que nous verrons dans le chapitre suivant vous donnera les armes pour rendre vos peurs inefficaces lorsque vous saurez et aurez la foi de notre guidance, de notre présence à chaque instant auprès de vous, dans l'UNITE du divin que nous sommes.

Celui qui se sait guidé par Dieu n'a plus peur de rien.

Celui qui se sait guidé par l'énergie créatrice peut accomplir ce qu'il veut, il peut faire rayonner son être.

Moi : Je te remercie l'Esprit pour cette belle métaphore du labyrinthe et pour toutes ces explications.

Il me semble important en effet de comprendre qu'aucune illusion ne peut satisfaire les « besoins » de notre âme. Chacune est génératrice de souffrance.

Alors si nous appliquons la méthode que tu nous as enseignée hier et si nous nous projetons en dehors des illusions pour mieux les voir depuis l'extérieur d'elles-mêmes, nous pourrons alors rendre visibles les fantômes « invisibles » de nos consciences pour pouvoir les chasser.

L'Esprit : C'est une bonne vision des choses mon fils. Je dis « bonne » en ce qu'elle pourra être efficace pour déconstruire les illusions.

A chaque fois que vous agissez via le filtre des illusions, vous créez de la souffrance pour vous-mêmes.

Quelqu'un de jaloux a PEUR de perdre l'être aimé sans comprendre qu'il n'existe d'Amour que d'Amour libre, alors que votre morale et vision limitée de l'amour (humain) ont créé la notion d'ATTACHEMENT qui, comme l'a dit ton fils, n'est pas l'Amour divin. Certains d'entre vous mettent du temps à le comprendre.

Moi : En effet l'Esprit, dans « attachement » il y a « attaché ».

L'attachement peut mener à la DEPENDANCE.

La DEPENDANCE n'est jamais l'Amour divin car celui qui aime n'a pas de condition pour aimer et ne dépend de personne pour aimer. L'Amour inconditionnel est pur, il n'est attaché à rien d'autre que l'Amour.

L'Esprit : Tu parles comme l'être de lumière que tu es.

Note mes mots, n'aie pas peur de la vision des autres. Tu n'as toi-même pas à rentrer dans ces « peurs » de l'ego.

Ce qui est doit être.

Ce qui est EST.

L'Esprit : Il n'y pas d'autres développements à faire à ce stade sur votre souffrance, en tout cas dans le cadre de ce tome 2, sinon de vous expliquer, par la métaphore du labyrinthe qui apparemment t'a plus *[il sourit],* que vous tentez constamment de trouver la solution à tous vos « problèmes » en cherchant des points de comparaison EXTERIEURS sans faire le chemin de conscience de vous regarder de l'INTERIEUR.

C'est un travail difficile que peu souhaitent faire de leur plein gré.

Car il n'y a rien de plus délicat et aussi de plus courageux que de se contempler soi-même.

Pourtant, c'est la raison fondamentale de vos expériences terrestres mes enfants : VOUS RECHERCHER VOUS-MÊMES.

C'est le point de départ de votre processus évolutif, quel que soit votre niveau de conscience.

Il s'agit là d'une règle universelle : comprendre qui vous êtes, progressivement, pas après pas.

Votre présence sur Terre se résume à cette seule question :

QUI SUIS-JE VRAIMENT ?

Car si vous vous posez véritablement et sincèrement cette question, elle se déclinera en une infinité d'autres questions et vous comprendrez qu'en recherchant la connaissance de vous-mêmes vous chercherez à emprunter le chemin qui vous mène à Dieu. Vous emprunterez parfois d'autres chemins, ferez des bifurcations mais cela fait partie du chemin : se tromper parfois de chemin, pour en trouver un « meilleur » ensuite, pour apprendre de vos expériences.

Alors vous découvrirez qu'en progressant sur ces chemins de conscience, vous n'êtes en réalité venus faire qu'une seule chose : **FAIRE L'EXPERIENCE DE L'AMOUR.**

Car que vous êtes vraiment n'est rien d'autre que l'Amour.

Il ne suffit pas de le dire, il faut le découvrir vous-mêmes.

Cette découverte naît de l'expérimentation.

Si tout ceci n'était pas lié, vous ne vous seriez jamais incarnés.

Vous seriez restés au sein de la Source divine de laquelle vous provenez qui n'est rien autre qu'Amour.

Cet Amour vous aviez « besoin » de l'expérimenter.

En écrivant ces mots, ce que vous ignorez (ou peut-être plus du tout à présent), c'est que JE suis moi-même en train d'ascensionner en expérimentant l'Amour à travers vous et en vous aidant à l'expérimenter, en vous guidant vers la prise de conscience qui vous fera emprunter les meilleurs chemins, ceux qui vous éloigneront de la souffrance et vous permettront de trouver la PAIX intérieure à laquelle vous aspirez tous.

Vois-tu, je suis UN avec vous.

Vos expérimentations créent les miennes.

En orientant vos consciences, sans jamais violer votre libre arbitre, je NOUS dirige tous ensemble vers la Source infinie d'Amour qu'est Dieu.

C'est ma volonté.

Quelle est la vôtre ?

Vous avez tous les choix possibles.

Je n'en freinerai AUCUN.

Et je vous le redis : IL N'Y AURA JAMAIS AUCUNE LIMITE A MON AMOUR, même si vous faites les « pires » des choix que vous puissiez faire.

Je vous guiderai toujours vers de meilleurs choix pour vous, sans aucune limite de TEMPS ni d'ESPACE, éternellement.

Ma guidance est pour ce chapitre la suivante :

- Oubliez le TEMPS, il ne vous conduira que vers davantage de souffrance. Placez-vous dans le « temps de conscience », le plus possible, à chaque fois que vous en avez l'opportunité dans le tumulte de vos vies matérielles. N'oubliez-pas que le « temps de conscience » est le seul temps de votre âme ;

- Oubliez la SUPERIORITE. Vous n'avez à vous comparer à PERSONNE D'AUTRE QUE VOUS-MÊMES. C'est de vous dont il s'agit. Regardez-vous de l'intérieur. Faites ce choix courageux. Osez faire éclater au grand jour la personne que vous êtes, avec vos failles et vos faiblesses, vos qualités et votre grandeur. Osez mettre votre âme à nue. Rompez les liens de la honte et du « qu'en dira-t-on ». Vous n'avez pas à souffrir de qui vous êtes. C'est une croyance erronée. C'est en n'étant pas qui vous êtes que vous générerez de la souffrance et non en osant l'être (toute croyance contraire est une persuasion de votre ego). Vous n'avez à vous comparer à personne. Soyez chaque jour meilleur que vous-mêmes.

Soyez une « meilleure » personne que celle que vous étiez la veille. Ne prenez aucun point de comparaison extérieur. Tous les points de comparaison à prendre pour votre évolution se situent à l'intérieur de vous-mêmes. N'oubliez jamais cette règle fondamentale ;

- Oubliez le MENSONGE. INCARNEZ LA PAROLE VRAIE. Vous êtes la parole de Dieu. Cette parole est VERITE. Tout ce que vous direz avec l'intention de votre cœur, l'intention pure de l'Amour sera toujours VRAI AUX YEUX DE DIEU ;

- Oubliez le BESOIN. Vous n'aurez jamais besoin de rien d'autre que d'ÊTRE qui vous êtes. Il n'existe pas d' « AVOIRS » dans le Royaume de Dieu. Ce que vous avez n'est qu'un outil pour vous permettre de décider qui vous êtes ou de montrer / faciliter la démonstration envers le monde de qui vous êtes vraiment. Mais vous n'êtes JAMAIS ce que vous avez. Ne l'oubliez jamais. Ce qui EST n'aura jamais besoin de rien à part d'ÊTRE. Car dans l'éternité de Qui Vous Êtes, Tout vous a déjà été donné. L'intérieur de votre âme contient déjà toute la connaissance de Dieu. Visualisez votre âme comme une boule de lumière irradiant de l'intérieur et contenant en elle toutes les galaxies de votre monde visible et plus encore car c'est en effet ce qu'elle contient et ce n'est pas une métaphore.

- Oubliez (un peu) le MONDE SOLIDE car votre réalité relative ne vous rappellera que bien trop souvent qu'il existe. Regardez chaque personne dans les yeux et imaginez que vous vous adressez à son âme et non au programme qui coexiste avec elle. Observez le monde qui vous entoure et recherchez la présence majestueuse de Dieu dans chacun des éléments de la nature. Vous êtes un ELEMENT de cette nature. Dieu est partout là où votre regard saura le cherchez. Faites appel à votre âme pour en capter les vibrations. Pensez « vibratoire ». Ne doutez pas de ce que vous émettez. Voyez-vous comme un maillon unique et indispensable à l'expansion des consciences. Observez le monde en ayant la conscience de lui appartenir autant qu'il vous appartient. Ayez la conscience de fusionner avec le monde pour pouvoir fusionner avec la Vie ;

- Oubliez l'IGNORANCE. Vous savez tout. Votre devez libérer vos consciences pour agrandir le champ de perception de vos sources d'informations.

- Oubliez le HASARD. Le hasard vous limite. Voyez la Vie comme un plan gigantesque qui ne dévoile les liens de sa construction qu'au fur et à mesure de votre progression. Voyez les événements comme des sources d'apprentissage. Pensez « leçons ». Quelles leçons m'envoie la Vie ? Responsabilisez vos consciences. La victimisation n'est pas salvatrice. Elle ne vous mène que vers davantage de souffrance ;

- Oubliez l'ECHEC. Vous réussissez tout ce que vous entreprenez car tout mène vers votre ascension vers le Royaume de lumière. Alors souriez, même dans vos « pires » moments. Ainsi vous trouverez l'énergie de Dieu et vous soulèverez des montagnes ;

- Oubliez la MORT et oubliez la FORME. Vous êtes ETERNELS. Ce que vous êtes n'a pas besoin de support pour être. Vous serez à jamais Tout ce qui Est. Vous êtes les individualisations de la Conscience de Dieu. Dieu ne se coupera jamais de qui vous êtes. Il ne le pourrait pas. Vous êtes Lui/Elle ;

- Oubliez l'OBLIGATION. Il n'y a rien que vous soyez obligés de faire. Faites ce que vous ÊTES et ne faites pas ce que les autres voudraient que vous fassiez. Sinon vous deviendrez les autres et vous ne saurez plus Qui Vous Êtes Vraiment. Dieu vous a créé avec votre SINGULARITE : vous êtes la SINGULARTIE dans la DIVERSITE de Dieu. Vous êtes la SINGULARITE dans l'UNION. Le tableau gigantesque de l'œuvre de Dieu que vous co-créez avec Lui/Elle a besoin de votre couleur particulière pour que le tableau soit complet. Ne l'oubliez pas. Rayonnez de votre singularité. Si celle-ci doit déranger les autres, qu'elle le fasse. Le plus important est qu'elle ne dérange pas Qui Vous Êtes. Dites-vous bien que personne ne pourra être véritablement Qui Il Est si vous-mêmes refusez de devenir Qui Vous Êtes. Tout commence par vous et vous seuls. Amorcez le changement vous-mêmes. Cassez la croyance limitante selon laquelle vous avez besoin des autres pour changer quoi que ce soit. Tout commence par vous et ce que vous vous autorisez à être ;

- Oubliez la CONDITION. Vous êtes INCONDITIONNELS. Ce que vous êtes n'est conditionné à rien d'autre que vos choix, vos propres choix. C'est là une « fausse condition » car vos choix définissent précisément Qui Vous Êtes. Il n'y a donc aucune condition à vos ÊTRES ;

- Oubliez le MANQUE. Vous n'avez besoin de rien et ne pouvez manquer de rien. L'attachement et la dépendance ne créent pas Qui Vous Êtes. Ils alimentent Qui Vous Croyez Être et sont générateurs de souffrance puisqu'ils proviennent d'une illusion de l'ego (selon laquelle vous pouvez manquer) ;

- Oubliez la MALADIE. Bien sûr, elle est une réalité cocréée de votre monde. Mais ce que vous ÊTES est BONHEUR, HARMONIE et SANTE. En recherchant votre nature véritable vous mettrez tout en œuvre pour respirer davantage la santé et l'harmonie. Cela aura un effet naturel sur votre corps ;

- Oubliez le JUGEMENT. En vous jugeant et en jugeant les autres, vous vous faites souffrir et vous faites souffrir les autres. Ce que les autres sont, vous l'avez été et inversement. Pensez PROGRESSION. Le jugement est un boulet que vous trainez à votre pied et qui vous empêche d'avancer sur le chemin de votre paix intérieure ;

- Oubliez la CONDAMNATION. Même si certains ne le comprendront pas en l'état de l'évolution qui est la vôtre, vous n'évoluez pas en condamnant. Vous créez de la peur et de la souffrance. Je ne vous dis pas ce qu'il faut faire, je vous dis ce qui EST. Ce dialogue est spirituel, il n'a pas vocation à régir la matérialité de votre monde. Oubliez donc la notion d'un Dieu qui choisit à votre place.

La boucle est bouclée mon fils.

Je te remercie d'avoir été le porte-parole de ces mots.

Alors, pour reprendre la phrase que tu as reçue ce matin, si vous voulez être en paix avec le monde, commencez en effet par mettre en place les conditions de votre propre paix intérieure.

C'est exactement ce que nous venons de voir dans ce résumé. La déconstruction des illusions de l'ego vous permettra de trouver votre paix intérieure et de mettre fin à vos souffrances.

Cette paix intérieure implique, sans surprise, un regard intérieur sur vous-mêmes, une projection en dehors des illusions que vous avez créées afin de pouvoir les identifier, dans le seul « temps de conscience », et chasser un à un les fantômes de vos consciences.

Moi : Merci l'Esprit, je n'ai rien d'autre à ajouter.

Nous terminerons si tu le veux bien sur la GRANDE ILLUSION et pourrons alors fermer le livre de ce deuxième dialogue avec toi.

L'Esprit : Qu'il en soit ainsi.

01/04/2025 :

Moi : Bonjour l'Esprit, nous y voilà, la fameuse grande illusion.

Un 1er avril, encore une fois ce n'est pas un hasard j'imagine.

L'Esprit: Bonjour fils. Après avoir évoqué l'illusion du hasard, tu n'es pas dans l'illusion de croire que ça l'est.

1er avril : un jour où vous vous faites traditionnellement des petites blagues. Un jour où vous vous faites croire à l'illusion par ce que vous appelez des « poissons d'avril ».

N'est-ce pas ironique fils ?

Moi: Oui, car en effet, nous n'avons pas besoin du 1er avril pour nous faire croire à l'illusion. Elle est déjà assez présente dans nos vies.

L'Esprit: Elle l'est constamment en réalité.

Vois-tu, tous vos jours ressemblent au 1er avril. Vous vous racontez tous des illusions et ce depuis des millénaires.

Moi: Tu exagères l'Esprit.

L'Esprit: Le crois-tu ? Tu sais bien que non.

Et tu sais que ceci n'est pas un jugement, tous vos choix sont parfaits pour Nous. Car ils vous mènent vers votre vraie nature.

Mais il est « temps ». Si vous le souhaitez, vous pouvez décider de lever le voile sur ce 1er avril permanent en décidant de modifier vos croyances.

C'est ce que tu appelles la DÉPROGRAMMATION.

C'est un mot très juste car je t'ai expliqué et je vous ai expliqué à tous que vous vivez en pensant que vous êtes le programme implanté en vous.

Ce programme est l'ego, autrement dit : Qui Vous Croyez Être.

Il est l'outil de votre âme pour ses expérimentations, votre âme étant Ce Que Vous Êtes Vraiment.

Alors, vous pouvez à présent sortir de votre nuage de fumée et décider de mettre fin à LA GRANDE ILLUSION que voici et que vous connaissez désormais tous : **VOTRE SEPARATION AVEC DIEU.**

Tu sais traduire mes paroles pour une bonne et simple raison : tu vibres cette Union à ton niveau de conscience. Tu sais désormais ne jamais être séparé de NOUS, tu en as fait l'expérience à de multiples reprises.

Alors ta foi t'a conduit à le dire.

En ouvrant une nouvelle porte pour ta conscience, tu comprends qu'il n'est pas possible de vivre en dehors du divin car sans le divin vous ne pourriez être ENERGIE DE CONSCIENCE.

Laissez-moi mettre en lumière vos contradictions mes enfants, non par jugement, mais par description de vos états de pensée majoritaires.

Vous ne croyez pas en Dieu ou croyez en un Dieu séparé de vous.

Vous ne vous permettez pas, pour bon nombre d'entre vous encore, d'imaginer que Dieu puisse être à l'intérieur de vous.

Tout votre monde et vos schémas de pensée sont tournés vers l'EXTERIEUR.

Vous pensez à rebours.

L'EXTERIEUR est une conséquence de vos manifestations intérieures.

Ce ne sera jamais l'inverse.

Plusieurs d'entre vous refusent de croire que le divin est en vous. Pourtant, qui se pose la question de savoir comment vous bouger, comment vous penser, comment vous parlez ?

Certains me diront : la science explique tout cela.

Votre science n'est qu'aux prémices de ses découvertes mes enfants. Il vous manque tant de maillons pour construire dans vos esprits une vision plus globale de la Vie.

Je te l'ai déjà dit : votre science fera d'autres découvertes lorsque vous comprendrez que l'énergie remplit votre monde.

Le vide n'existe pas.

La Lumière remplit Tout.

Rien n'échappe à ce que vous appelez Dieu.

Comment pouvez-vous alors être séparés de Lui ?

Sans l'énergie de la Conscience, vous ne pourriez penser, parler ni même bouger. Vous seriez comme des bois morts, désanimés, sans aucun souffle de vie.

Comment fonctionne la Vie ?

Vous prenez pour acquis le fait d'EXISTER mais vous refusez d'envisager que votre existence soit liée à l'énergie de conscience qui donne la Vie.

Cette énergie est Dieu.

Nous pouvons la désigner ainsi.

Cela implique que vous choisissiez toutefois de sortir de vos schémas de personnification d'un Dieu à votre image.

Vous êtes une vibration, comme l'Est Dieu constitué Lui/Elle-même par l'ensemble des vibrations qui compose la Vie.

Tout Ce Qui Est est donc la Vie.

Tu as déjà développé cette thématique dans *« Nous sommes éternels »* alors je ne chercherai à convaincre personne ni à l'expliquer plus que tu ne l'as fait davantage car :

1/ Je suis GUIDANCE. Vous êtes CHOIX.

2/ Nulle explication ne résisterait (même en annihilant le point 1) à la puissance de création de vos consciences.

On ne peut forcer la Conscience.

C'est à elle qu'il revient de décider de valider ou de changer ses choix.

Ne t'ai-je pas dit à de multiples reprises que vous êtes des Dieux ?

Voyez comme cela est vrai.

Nul être spirituel, même des plus évolués, ni Dieu Lui/Elle-même, ne pourrait contrecarrer la puissance de vos créations de conscience.

Même s'Il le pouvait, Il ne le ferait pas, par Amour pour vous.

L'Amour inconditionnel ne connaît aucune des illusions que nous avons vues ensemble à travers tout cet ouvrage.

Toutes vos croyances ne sont créées QUE par vous-mêmes.

Mais prenez garde à vos croyances.

Car cet ouvrage n'a pas la prétention de vous apporter un message grandiloquent mais des plus pratiques.

La question est : Souhaitez-vous changer vos vies ? Souhaitez-vous connaître l'harmonie et la paix auxquelles vous aspirez ? Souhaitez-vous vivre dans le bonheur et l'Amour pour faire de vos expériences sur Terre un paradis et favoriser votre ascension vers le Royaume de Lumière ?

Si votre réponse est OUI, alors il vous incombe de faire le choix de la DEPROGRAMMATION.

Vos consciences doivent être libres de faire leur la réalité selon laquelle RIEN N'EST SEPARE DE DIEU.

Sans cette prise de conscience, vous perpétrez les illusions de l'ego.

Vous devez comprendre que Dieu vous aime.

Et vous devez comprendre que Tout son Amour a été placé en vous, sans retenue.

Car Dieu ne retient rien. Ceci n'est pas une image : TOUT VOUS A ETE DONNE : la Vie, la Puissance de votre pensée, le pouvoir de création de votre monde, l'éternité.

Vous possédez tous les attributs de Dieu.

Mais cette puissance a pour conséquence qu'elle agit dans un sens comme dans l'autre : libre arbitre oblige, toujours par Amour pour vous.

Vous avez donc la liberté de créer l'Amour comme celle de créer l'Illusion.

Nous ne freinerons jamais vos choix, dans un sens comme dans l'autre.

Mais la bonne nouvelle c'est que vous avez l'éternité pour le faire.

En revanche, vous pouvez décider d'être heureux MAINTENANT.

Vous n'avez pas à attendre l'éternité.

L'éternité c'est long vous savez *[il rit].*

L'éternité n'est rien d'autre que le présent, ce « temps de conscience » que j'évoque avec vous depuis le début de cet ouvrage.

Je sais que tu aimerais expliquer davantage mon enfant.

Mais il n'y a rien d'autre à expliquer.

Sois la lumière que tu apportes aux autres. C'est la seule chose que tu aies à faire.

Tu penses que ce dialogue ne portera pas ses fruits ? Voilà une autre illusion : le mur créé par l'une de tes peurs.

Vous voyez : votre pensée oscille toujours entre la voix de votre âme et la persuasion de votre ego.

Autorisez-vous à prendre pour vrai tout ce qui émane profondément de vous. Car c'est bien là la seule réalité qui soit et qui demeurera lorsque le nuage de fumée de vos illusions se sera totalement dissipé.

Alors vous finirez par comprendre que vous êtes réellement les enfants de Dieu.

Vous n'aurez plus jamais peur. Car de notre Union naîtra la conscience en vous de vous savoir protégés pour l'éternité. Vous êtes la Vie. La Vie n'a absolument rien à craindre car rien ne peut l'arrêter.

Vous êtes l'éternité, unis à Dieu dans ce gigantesque maillage énergétique d'Amour.

Vous êtes davantage que les étoiles que vous observez dans le Ciel.

Vous êtes la Lumière qui les fait briller.

Sans Lumière, il n'existerait rien.

Lorsque vous saurez, en conscience, que NOUS ne vous avons jamais quittés, pas même un seul instant, cette Union entre vous et la Vie sera si évidente pour vous que vous vous sentirez capables de Tout.

Vous toucherez alors du bout du doigt l'immensité de l'Amour que Dieu vous porte.

Cet Amour est colossal. Il n'est pas possible pour vous d'imaginer à quel point il dépasse tout ce à quoi vous pouvez penser.

Cet Amour vous est donné depuis toujours et JAMAIS ne vous sera retiré.

Vous êtes les consciences individuelles forgeant l'expérience de Dieu et indissociables du Créateur.

Vous êtes comme tu l'as déjà dit : à la fois ce Créateur, cette Création et ce processus par lequel Tout se créé.

Il n'existe pas de mot plus clair pour vous le dire : VOUS ÊTES A JAMAIS UNIS A DIEU.

Ce que vous êtes se situe hors du temps et de l'espace. En vous pensant séparés de Dieu, vous réactiverez l'illusion du temps au lieu de vivre dans le bonheur du « temps de conscience ». Vous ne créerez donc que souffrance.

Ce que vous êtes ne connaît pas la supériorité d'un élément sur un autre élément composant le Tout. Ce que vous êtes est EGALITE parfaite aux yeux de Dieu. En vous croyant inégaux ou indignes de Dieu, cette séparation avec Ce qu'Il Est (et donc Ce Que Vous Êtes) réactive l'illusion de SUPERIORITE génératrice de souffrance.

Ce que vous êtes n'est pas le mensonge. Vous êtes la VERITE. En vous croyant détachée de la vérité divine qui se trouve en vous, vous réactivez l'illusion du MENSONGE génératrice de souffrance.

Ce que vous êtes ne connaît ni manque ni besoin. Le BESOIN est le fait de vouloir avoir et le MANQUE est le fait de ne pas avoir ce que vous désirez avoir. Ces deux illusions s'entretiennent dans un couple infernal d'alimentation de l'ego. Il n'y a rien que vous n'ayez déjà ou que vous ne puissiez souffrir de ne pas avoir car tout vous a été donné en vous permettant d'être et de devenir qui vous souhaitez. En pensant que Dieu a des BESOINS et éprouve des MANQUES, vous vivez comme si vous étiez séparés de Lui/Elle car Dieu n'éprouve ni besoin ni manque (il est une vibration d'Amour). Etant Lui/Elle, vous n'avez donc ni besoin ni manque. Votre croyance d'une séparation entre vous et Dieu réactive donc l'illusion du BESOIN et du MANQUE génératrices de souffrance.

Ce que vous êtes n'est pas dépendant de la matière. Vous êtes le souffle de la Vie, échappant à la mort et à la forme. En vous pensant séparés de Dieu [qui Lui serait immortel], vous croyez que ce que vous êtes peut mourir et que ce que vous êtes doit avoir une FORME (un corps) pour pouvoir être. Ce faisant, vous réactivez l'illusion de la MORT et de la FORME génératrices de souffrance.

Ce que vous êtes ne peut connaître l'échec. Vous êtes la REUSSITE parfaite dans la co-création de votre monde, avec Dieu Lui-même, Lui à travers Vous, Vous à travers Lui. En vous pensant séparés de Dieu, vous pensez que vous pouvez ECHOUER alors que Dieu réussit Tout ce qu'Il entreprend, pour autant que vous compreniez que ce Dieu est énergie de conscience et non le Dieu humanisé provenant de vos créations puissantes et tenaces. En pensant être séparés du divin, vous réactivez l'illusion d'ECHEC génératrice de souffrance.

Ce que vous êtes n'est jamais dû au hasard. Vous suivez votre propre plan d'âme, orchestré par vous-mêmes, car votre volonté est celle de Dieu. Mais en vous pensant séparés de Lui/Elle, vous pensez alors que le HASARD existe alors que Tout est création consciente même si vous ne pouvez en maîtriser toute la complexité. Mais puisque vous vous pensez séparés de Dieu, vous pensez que les coïncidences peuvent exister. Vous réactivez alors l'illusion du HASARD, génératrice de souffrance.

Ce que vous êtes étant choisi par vous, vous n'êtes donc jamais obligés de rien. Il vous incombe à vous et vous seuls de tracer votre chemin, en toute conscience. Mais puisque vous vous pensez séparés de Dieu, vous pensez qu'on peut vous obliger à faire des choses qui ne correspondant pas à Ce Que Vous Êtes / à la façon dont vous définissez Qui Vous Êtes. Obligeriez-vous Dieu ? Dieu ne connaît pas l'obligation. Ses actions, à travers vous, sont la résultante de lois vibratoires. Mais puisque vous vous pensez séparés de Lui/Elle, vous réactivez l'illusion d'OBLIGATION génératrice de souffrance.

Ce que vous êtes n'est pas la maladie ni le mal-être. Vous êtes la santé car votre âme est lumière pure, santé et bonheur. Mais puisque vous vous pensez séparés de Dieu, vous réactivez l'illusion de MALADIE. Elle est bien réelle dans votre monde. Mais vous pouvez la guérir afin qu'elle ne soit plus génératrice de souffrance. Cela se fera progressivement au fil de vos prises de conscience et de vos découvertes sur le plan énergétique.

Ce que vous êtes n'est ni le jugement ni la condamnation. Vous êtes vibration d'Amour qui aime sans condition. Mais puisque vous vous pensez séparés de Dieu, vous jugez et condamnez. Après tout, la vision du Dieu humanisé que vous avez créé n'implique-t-elle pas que Dieu juge Lui/Elle-même, récompense les « bons » comportements et punisse les « mauvais » ? Cette séparation entre vous et la vraie nature de Dieu réactive vos illusions du JUGEMENT et de la CONDAMNATION lesquelles sont génératrices de souffrance.

Ce que vous êtes n'est conditionné à rien. Vous êtes des êtres énergétiques INCONDITIONNELS ; l'énergie de Conscience ne pouvant s'éteindre elle-même. Mais puisque vous vous pensez séparés de Dieu, si Lui/Elle n'a probablement aucune origine, vous pensez en tout cas en avoir une VOUS. Après tout, étant séparés de Dieu, pourquoi auriez-vous les mêmes attributs que Lui/Elle ? Alors, vous placez des conditions à tout ce que vous entreprenez dans vos vies. La réactivation de l'illusion de CONDITION est génératrice de souffrance.

Ce que vous êtes n'est pas l'ignorance. Vous êtes la CONNAISSANCE de Dieu, placée en vous à jamais et libérée au fur et à mesure de vos prises de conscience. Mais puisque vous vous pensez séparés de Dieu, vous pensez que Dieu en sait plus que vous et qu'il garde jalousement sa connaissance sans vouloir la partager avec vous. Quel Dieu opérerait ainsi ?

Moi : Un Dieu jaloux créé par les hommes, à l'image des hommes et non à l'image du véritable Dieu qu'ils sont.

L'Esprit : Dieu ne jalouse pas la connaissance. Les lois vibratoires qu'Il/Elle a Lui/Elle-même créées sont ainsi faites que toute la connaissance vous est accessible dans l'éternité du temps de conscience et vous est libérée au fur et à mesure de vos élévations de conscience.

Moi : C'était long l'Esprit, long mais nécessaire.

L'Esprit : Toutes vos illusions naissent de vos peurs. Et toutes vos peurs ne sont pas ce qu'Est Dieu qui n'est qu'Amour. L'Amour ne connaît pas la peur. Lorsque vous déciderez de mettre fin à LA GRANDE ILLUSION (celle de vous croire séparés de Dieu), vous pourrez anéantir toutes les autres illusions. Vous pourrez chasser les fantômes de vos consciences qui vous empêchent d'atteindre le plénitude de vos êtres.

Séance 20 – Le mot de la fin

01/04/2025 :

L'Esprit : C'est en envisageant tout ce que vous n'êtes pas que vous pourrez mieux comprendre qui vous êtes vraiment.

C'est pourquoi nous avons étudié ensemble chaque illusion afin que vous puissiez en comprendre les mécanismes et décider, en pleine conscience, d'accéder à votre plein potentiel.

Car toutes vos peurs, sans exception, proviennent des illusions que nous venons de voir.

Ce que vous êtes est Amour et Lumière à l'état pur, en Union avec le UN qu'est le Tout, c'est là la vérité absolue de ce que vous êtes. Vous voyez, elle tient en une ligne. Tout le reste est décliné à partir de cette vérité.

Vous pouvez mettre fin à la GRANDE ILLUSION, celle de vous croire séparé de Nous, séparés du divin. Cette illusion a donné naissance à toutes les autres et par voie de conséquence à toutes vos peurs.

En la déconstruisant, en travaillant sur votre conscience, en appliquant la méthode que je vous ai enseignée et en suivant ma guidance, vous pourrez mettre fin à toutes les autres illusions qui s'effondreront à leur tour comme un château de cartes.

Retrouvez votre pleine puissance.

Ce dialogue avec toi avait pour objectif de déclencher chez vous cette étincelle vous permettant de faire le choix de libérer vos consciences.

Il vous incombe maintenant de travailler au quotidien sur vous-mêmes, pour vous connaître davantage et prendre appui sur cet étincelle, sur cette guidance qui vous permettra d'allumer le feu de la déconstruction des illusions de l'ego.

Le chemin vous est ouvert.

A vous de décider de l'emprunter.

Sachez juste une chose : NOUS serons toujours à vos côtés, vous aimant et vous guidant éternellement, quels que soient les choix que vous ferez.

Moi : Je te remercie l'Esprit.

Grâce à toi, à mon fils, à tous ceux qui m'accompagnent sur ce chemin, JE DEVIENS MOI ; avec la volonté d'être le porteur de ce message et de cette connaissance, par Amour.

L'Esprit : Tu as toujours été toi mon fils, tu es en train de découvrir qui tu es vraiment et c'est déjà beaucoup.

En réalité, c'est parfait ainsi.

***

Chaque jour où vous contribuerez à faire de ce monde un monde meilleur, vous oeuvrerez pour Dieu.

Si chaque jour vous devenez meilleur(e) que celui/celle que vous étiez la veille,

Si chaque jour vous offrez au monde une meilleure version de vous-mêmes,

Vous réaliserez, sans vous en rendre compte, l'œuvre de Dieu.

Tout commence par vous.

***

BIBLIOGRAPHIE

- *« Conversation avec Dieu, Communion avec Dieu »*, Neale Donald Walsch

- *« Terr2 »*, Sylvain Didelot

- *« Nous sommes éternels »*, Stéphane Martins

- *« Enseignement spirituel par canalisation » [Tome 1]*, Stéphane Martins

TABLE DES MATIERES

AVANT-PROPOS..3

Séance 1 – Pour (re)commencer... : la fraternité...................................6

Séance 2 – La peur...13

Séance 3 – Le temps...22

Séance 4 – La supériorité..33

Séance 5 – Le mensonge..45

Séance 6 – Le besoin..54

Séance 7 – Le monde solide...64

Séance 8 – L'ignorance...76

Séance 9 – Le hasard..81

Séance 10 – L'échec...91

Séance 11 – La mort / la forme...97

Séance 12 – L'obligation...114

Séance 13 – La condition...121

Séance 14 – Le manque...141

Séance 15 – La maladie...153

Séance 16 – Le jugement...162

Séance 17 – La condamnation – Méthode de déconstruction des illusions de l'ego..173

Séance 18 – La souffrance...184

Séance 19 – La GRANDE ILLUSION...196

Séance 20 – Le mot de la fin..207

BIBLIOGRAPHIE...210

TABLE DES MATIERES...211

SITES DE L'AUTEUR..212

SITES DE L'AUTEUR

Retrouvez toutes les publications de *« La Voix Des Messagers »* (LVDM) sur :

https://www.facebook.com/profile.php?id=61558409496828

Retrouvez également les publications sous format court via la réseau social tik tok :

@lavoixdesmessagerslvdm